书不盡言
言不盡意
有覺 聖智
完成人格

辛卯冬 二〇一一年
九四禎童
南懷瑾

历史的经验

南怀瑾 著述

复旦大学出版社

南怀瑾先生（1918—2012），海内外享有盛誉的著名学者。出生于浙江温州书香世家，自小接受私塾传统教育，少年时期就已读遍诸子百家的各种经典。他精研儒、释、道，将中华文化各种思想融会贯通。1969年创立东西精华协会，旨在促进东、西文化精粹之交流。1980年在台湾创办老古文化事业有限公司。

南怀瑾先生在台讲学三十六年，旅美三年，居港十数年，2004年落脚上海。2006年，他定居于江苏太湖之滨的太湖大学堂，终其晚年在这里讲学、授课，培养下一代文化种子。

南怀瑾先生毕生讲学无数，著作丰富，著有《论语别裁》《孟子旁通》《原本大学微言》《老子他说》等近六十部作品，并曾译成多国语言。他用"经史合参"的方法，讲解儒释道三教名典，旁征博引，拈提古今，蕴意深邃，生动幽默，在普及中国传统文化方面取得了引人注目的成就，深受海内外各层次读者的喜爱，半世纪以来影响无数中外人士；而南怀瑾先生融会东西精华、重整文化断层的心愿，亦将永续传承下去。

出版说明

谋略,中国古代文化又称之为纵横之术、长短之术、勾距之术。为总结历史的经验,著名学者南怀瑾先生曾就中国古代谋略做过系统讲析,其讲记以"历史的经验"为名,由台湾老古文化事业公司于一九八五、一九八六年分两册出版。第一册撷取赵蕤《长短经》、刘向《战国策》、桓范《世要论》精华,参以历史上兴亡成败的实例,论述了治世、用人、防邪、辨奸之道。第二册是对《素书》《太公兵法》《阴符经》的逐句串讲。《素书》名为黄石公所传,张良辅佐刘邦,兴汉灭楚,兵机谋略,多得是书之助,张良之后,此书不知去向,至晋,有人盗张良墓,于玉枕处发现此书,始得再传于世。本书重在其中经义的阐发,并将近一百五十则历史故事,铺注于原经文之后,供读者经史相参,从中悟得创业待人的道理。一九九〇年我社经作者和原出版单位授权,将《历史的经验》两册合为一册(分上、下编),以"历史上的智谋"为名,改排出版,以供研究。一九九二年恢复原名再版。

兹经版权方台湾老古文化事业公司授权,将老古公司二〇〇九年一月版校订出版,以供研究。

复旦大学出版社
二〇一七年六月

校订版说明

这本书是在十年前出版的,三年前又授权在大陆印行简体字版,出书后广受读者欢迎,得到很大的回响。

后有北京陈四益先生,为文指出本书中有关《晏子论权》一节,讲解似有偏差之处,南师怀瑾先生获悉后,除立即致函陈君,感谢其热心纠正外,并立嘱编辑部重新校订全书,修正疏失。为此也要向读者致歉。

开始参加这次校订工作的人,有阎修篆、周勋男、吴琼恩及杜忠诰等诸先生。但最后独挑大梁者,却是杜忠诰先生一人了。

杜先生是在大学时代由《论语别裁》一书,开始与南师结缘的,后也曾从学南师。大学毕业后攻读硕士而后进行博士研究,致力传统文化艺术,孜孜不倦,成就斐然。近年来曾多次获文艺奖,更为台湾著名书法家。此次在百忙中担负校订工作,盛情可感。

在新版印行之际,略述大概经过,并向参与过校订工作的诸位先生致谢。

老古文化公司编辑部　刘雨虹　记
一九九五年十一月台北

前　言

历史本来就是人和事经验的记录，换言之，把历代人和事的经验记录下来，就成为历史。读历史有两个方向：

一是站在后世——另一个时代，另一种社会形态，另一种生活方式，从自我主观习惯出发，而又自称是客观的观点去看历史，然后再整理那一个历史时代的人事——政治、经济、社会、教育、军事、文学、艺术等等，从各个不同的角度去评论它、歌颂它或讥刺它。这种研究，尽管说是客观的批判，其实，始终是有主观的成见，但不能说不是历史。

二是从历史的人事活动中，撷取教训，学习古人做人临事的经验，作为自己的参考，甚之，借以效法它、模仿它。中国自宋代开始，极有名的一部历史巨著，便是司马光的《资治通鉴》。顾名思义，司马重辑编著这一部史书的方向，其重点是正面针对皇帝们——领导人和领导班子们作政治教育必修的参考书。所谓"资治"的涵义，是比较谦虚客气的用词。资，是资助——帮助的意思。治，便是政治。合起来讲，就是拿古代历史兴衰成败的资料，帮助你走上贤良政治、清明政治的一部历史经验。因此，平常对朋友们谈笑，你最喜欢读《资治通鉴》意欲何为？你想做一个好皇帝，或是做一个顶天立地的大臣和名臣吗？当然，笑话归笑话，事实上，《资治通鉴》就是这样一部历史的书。

  我讲历史的经验，时在一九七五年春夏之间，在一个偶然的机会，一时兴之所至，信口开河，毫无目的，也无次序地信手拈来，随便和"恒庐"的一帮有兴趣的朋友谈谈。既不从学术立场来讨论历史，更无所谓学问。等于古老农业社会三家村里的落第秀才，潦倒穷酸的老学究，在瓜棚豆架下，开讲《三国演义》《封神榜》等小说，赢得大众化的会心忖忖而已。不料因此而引起许多读者的兴趣，促成老古文化出版公司搜集已经发表过的一部分讲稿，编排付印，反而觉得有欺世盗名的罪过。因此，联想到顾祖禹的一首诗说："重瞳帐下已知名，隆准军中亦漫行。半世行藏都是错，如何坛上会谈兵。"我当忏悔。

一九八五年端阳 南怀瑾自述

目 录

出版说明　　1
校订版说明　　1
前言　　1

上　编　　1
　话题　　3
　神谋鬼谋　　4
　春秋多权谋　　5
　正反相生（《长短经》——反经）　　6
　古今无定法　　9
　仁爱的流弊　　10
　仗义的流弊　　11
　信陵君的故事　　12
　讲礼的流弊　　13
　郭嘉论袁绍与曹操　　14
　乐乐的流弊　　15

名器的流弊　16

重法制的流弊　17

刑赏的流弊　18

学识的流弊　18

盗窃死人以自豪　19

福利社会的事　21

孟子讲故事　21

楚灵王的故事　22

尚贤的流弊　23

姜太公论派系问题　24

不能善用所长的五反　26

姜太公论三明　29

专权与嫉妒　31

文武兼资论　32

人与牛的故事　33

匡衡论政风　35

更上一层楼的道理　35

京房的故事　37

庄子的著作权被盗　38

田成子窃齐的故事　41

晏子论权　42

圣盗同源　43

苏秦的历史时代　52

远见抵不住现实的短视　58

苏秦受到反教育 59
药不对症的言论 60
人情千古重多金 64
雏燕初飞 66
反复波澜的人世 67
人才与时代历史 70
牵涉到商鞅 71
外才与内用 73
张仪的故事 74
刺激的教育 75
山梁雌雉 时哉！时哉！ 76
引用历史的经验 81
长短纵横 88
人臣之道 89
六种正臣的典范 90
恕臣之道 95
反派臣道的型态 99
防邪之道 102
忠奸之辨 109

下 编 149
前记 151
素书六章 153
 原始章第一 153

求人之志章第二　156
正道章第三　157
本德宗道章第四　168
遵义章第五　176
安礼章第六　201

太公兵法　210
　上卷　210
　中卷　224
　下卷　229

阴符经（〔汉〕张良等注）　236
　上篇　236
　中篇　239
　下篇　241

附录一　246
　张良传　246

附录二　253
　《素书》原序　253

附录三　255
　太公《阴符经》述要　255

南怀瑾先生著述目录　257

上编

话 题

上编

　　"历史的经验"这个题目，是贵会负责人出的，大得无可比拟。若想要就这个题目研究，同时可走几种路线：一个是应用的方面，怎样用得上历史的经验。一个是纯粹的推论，研究学理的一方面，这是历史学家的事。现在大学中的历史系、历史研究所，大概向这一方面走，偏重研究学理，不大讲应用。我们在这里所讲的性质，是要偏重于讲应用的。

　　历史的经验，如果我们以逻辑的立场来看，这个题目的本身就是答案，因为历史的本身就是经验。如果我们以学术的观点看历史，所谓历史，全部不过是两个问题：一个人的问题，一个事的问题。历史的记载，不外人与事。从人的方面来讲，大概又分两个方向来立论，拿旧的观念说：一个是经，一个是权。经是大原则，不能变动，权又叫作权变，就是运用的方法。从事的方面来讲，西方文化现在是二十世纪，只有两千年，但在中国来说，已经上下五千年了，所看到的事，似乎有现代与古代的不同，假使我们对历史有真的了解，就没有什么不同了。"风月无今古，情怀自浅深。"宇宙没有什么过去、现在、未来的太多不同，它永远是这样的太阳、这样的月亮、这样的风、这样的雨，只是人的思想观念上感受不同，发生了情感、思想上不同的形态，我们中国人用文学来表达，就成了这样的诗句。古人主张多读书，就是在于吸收历史上许多经验。

　　今日我们讲"历史的经验"这个课程，应该向哪一方面讲？这就要先有一个立场了。应该先问问我们今日工作上、业务上需要的是什么？就在这个观点去找历史的经验，这是一个立场。假如我们是在大学里,从学术的立场去看历史的经验,又是另外一个讲法。因此,今日我们以应用的立场来讲历史的经验就相当的复杂了。当商量决定这个题目的时候,我觉得好玩,就一口答应下来。我有一大毛病,到老改不了"童心未泯",始终贪玩。等到真正临讲以前,一个星期以来心情非常沉重,因为没有东西可讲;这是一个创新的课程,国内外各大学,还没有这样一门课程,无成规可循。其次包括的资料太多,假使编一本书,一定很有趣,编得现代化一点,销路一定不坏。但没有这个准备和时间,它的范围牵涉到二十五史内外许多学问,什么都用得上,这是第一个精神上感到负担很重的地方。其次站在这个立场来讲这个题目,责任上有一个很重的负担,这里要讲的"历史的经验",实际上就是讲"谋略",看到现在学校里专讲"谋略学"的,我觉得很有趣的,七十二变、三十六计都拿出来了,还有人专门写这类的书。但我觉得讲"谋略学"必须要严重的负责,因为"谋略"是一把刀,它的本身没有善恶,用得好是救人的,用不好,的确是害人的。我们受旧文化的影响很深,因果的观念根深蒂固,去不了的。假使有人听了以后,用来做了一件坏事,或者害了别人,自己好像就会背上很大的因果责任,良心上很难受,所以觉得负担很重。

神谋鬼谋

真讲"谋略学",要先有几个方面的认识,以前讲《论语》时曾提到过,中国文化大致分为君道、臣道和师道。君道是领导的哲学与艺术;臣道也包括了领导的艺术,不过,比较有承上接下的哲学与艺术;至于师道又另当别论。可是说到师道,我们中国文化历史上有句成语,在曾子这本书中,曾经提出一个原则:"用师者王,用友者霸,用徒者亡。"我们的历史经验,"用师者王"像周武王用姜太公,称之为尚父,这称呼在古代是很尊重的,当然不是现代所说干爹的意思,但非常非常尊重,是对尊长一辈的人,才能称呼的。历史上列举汤用伊尹,周文王用吕望(姜太公),都是用师,就是领导人非常谦虚,找一个"师"来"用",便"王天下"成大功。至于齐桓公用管仲,汉高祖用陈平、张良之流,刘备用诸葛亮等,都是"用友者霸"的好例子。至于"用徒者亡",是指专用服从的、听命的、乖乖的人,那是必然会失败的。这是曾子体察古今的历史经验,而后据以说明历史兴衰成败的大原则,由此可知师道也很难讲。

春秋多权谋

那么我们对于谋略学,该怎样讲法?走什么样的路线呢?我们先看谋略的本身。讲到"谋略"两个字,大体上大家很容易了解。假使研究中国文化,古代的书上有几个名词要注意的,如纵横之术、钩距之术、长短之术,都是谋略的别名。古代用谋略的人称谋士或策士,专门出计策,就是拿出办法来。而纵横也好,钩距也好,长短也好,策士也好,谋略也好,统统都属于阴谋之术,以前有人所说的什么"阴谋""阳谋",并不相干,反正都是谋略,不要把古代阴谋的阴,和"阴险"相联起来,它的内涵,不完全是这个意思。所谓阴的,是静的,暗的,出之于无形的,看不见的。记载这些谋略方面最多的,是些什么书呢?实际上《春秋左传》就是很好的谋略书,不过它的性质不同。所以我们要研究这一方面的东西,尤其是和现代国际问题有关的,就该把《战国策》《左传》《史记》这几本书读通了,将观念变成现代化,自然就懂得了。现在再告诉大家一个捷径:把司马迁所著《史记》的每一篇后面的结论,就是"太史公曰"如何如何的，把它集中下来，这其间就有很多谋略的大原则，不过他并不完全偏重于谋略，同时还注意到君子之道，就是做人的基本原则。

研究这几本书的谋略，其中有个区别。像《战国策》这本书是汉代刘向著的，他集中了当时以及古代关于谋略方面的东西，性质完全偏重于谋略，可以说完全是记载智谋权术之学的。这本书经过几千年的抄写刻板，有许多字句遗漏了，同时其中有许多是当时的方言，所以这本书的古文比较难读懂。左丘明著的《左传》，如果从谋略的观点看这本书，它的性质又不同，它有个主旨——以道德仁义作标准，违反了这个标准的都被刷下去，事实上对历史的评断也被刷下去了。所以虽然是一本谋略的书，但比较注重于经——大原则。至于《史记》这一本书，包括的内容就多了。譬如我们手里这本《素书》中，就有一篇很好的资料——《留侯世家》，就是张良的传记，我想大家一定读过的，这是司马迁在《史记》上为张良所写的传记。如果仔细研究这一篇传记，就可自这一篇当中，了解到谋略的大原则，以及张良做人、做事的大原则，包括了君道、臣道与师道的精神。

正反相生
（《长短经》——反经）

反经在领导哲学的思想上很重要，我们看过去很多的著作，乃至近七八十年来的著作，都不大作正面的写法。有一点我们要了解，有人对这些都有研究的，他们晓得人是具有这样的成分，所以，我们今日对于一些反面的东西，不能不注意。

反经的"反"字，意思就是说，天地间的事情，都是相对的，没有绝对的。没有绝对的善,也没有绝对的恶;没有绝对的是,也没有绝对的非。这个原理,在中国文化中,过去大家都避免谈,大部分人都没有去研究它。这种思想源流,在我们中国文化里很早就有,是根据《易经》来的,《易经》的八卦,大家都晓得,如"☷"是坤卦,它代表宇宙大现象的大地,"☰"乾卦,它代表宇宙大现象的天体,两个卦重起来,"䷋"为天地"否"卦,否是坏的意思,倒霉了是否,又有所谓"否极泰来",倒霉极点,就又转好了。但是,如果我们倒过来看这个卦,就不是"䷋"这个现象,而变成了"䷊"地天"泰"卦,就是好的意思。《易经》对于这样的卦就叫作综卦,也就是反对卦,每一个卦,都有正对反对的卦象(其实《易经》的"变"是不止这一个法则,这都叫卦变)。

这就说明天地间的人情、事理、物象,没有一个绝对固定不变的。在我的立场看,大家是这样一个镜头,在大家的方向看,我这里又是另外一个镜头。因宇宙间的万事万物,随时随地都在变,立场不同,观念就两样。因此,有正面一定有反面,有好必然有坏。归纳起来,有阴就一定有阳,有阳一定有阴。阴与阳在哪里?当阴的时候,阳的成分一定涵在阴的当中,当阳的时候,阴的成分也一定涵在阳的里面。当我们做一件事情,好的时候,坏的因素已经种因在好的里面。譬如一个人春风得意,得意就忘形,失败的种子已经开始种下去了;当一个人失败时,所谓失败是成功之母,未来新的成功种子,已经在失败中萌芽了,重要的在于能不能把握住成败的时间机会与空间形势。

我们在说反经之前,提起卦象,是说明人类文化在最原始的时代,还没有文字的发明,就有这些图像、重叠的图案。这种图案就已经告诉了我们这样一个原理:宇宙间的事没有绝对的,而且根据时间、空间换位,随时都在变,都在反对,只是我们的古人,对于反面的东西不大肯讲,少数智慧高的人都知而不言。只有老子提出来:"祸兮福之所倚,福兮祸之所伏。"福祸没有绝对的,这虽然是中国文化一个很高深的慧学修养,但也导致中华民族一个很坏的结果(这也是正反的相对)。因为把人生的道理彻底看通,也就不想动了。所以我提醒一些年轻人对于《易经》、唯识学这些东西不要深入。我告诉他们,学通了这些东西,对于人生就不要看了。万一要学,只可学成半吊子,千万不要学通,学到半吊子的程度,那就趣味无穷,而且觉得自己很伟大,自以为懂得很多。如果学通了,就没有味道了(一笑)。所以学《易经》还是不学通的好,学通了等于废人,一件事情还没有动就知道了结果,还干嘛去做!譬如预先知道下楼可能跌一跤,那下这个楼就太没道理了。《易经》上对人生宇宙,只用四个现象概括:吉、凶、悔、吝,没有第五个。吉是好。凶是坏。悔是半坏、不太坏、倒霉。吝是闭塞、阻碍、走不通。《周易·系传》有句话:"吉凶悔吝,生乎动者也。"告诉我们上自天文,下至地理,中通人事的道理尽在其中了。人生只有吉凶两个原则。悔吝是偏于凶的。那么吉凶哪里来?事情的好坏哪里来?由行动当中来的,不动当然没有好坏,在动的当中,好的成分有四分之一,坏的成分有四分之三,逃不出这个规则,如乡下人的老话,盖房子三年忙,请客一天忙,讨个老婆一辈子忙,任何一动,好的成分只有一点点。

这些原理知道了,反经的道理就大概可以知道。可是中国过去的读书人,对于反经的道理是避而不讲的。我们当年受教育,这种书是不准看的,连《战国策》都不准多读,小说更不准看,认为读这方面的书会学坏了。如果有人看《孙子兵法》《三国演义》,大人们会认为这孩子大概想造反,因此纵横家所著的书,一般人更不敢多看。但从另一观点来说,一个人应该让他把道理搞通,以后反而不会做坏人,而会做好人,因为道理通了以后,他会知道,做坏的结果,痛苦的成分占四分之三,做好的,结果麻烦的成分少,计算下来，还是为善最划算。

其次所谓反，是任何一件事，没有绝对的好坏，因此看历史，看政治制度，看时代的变化，没有什么绝对的好坏。就是我们拟一个办法，处理一个案件，拿出一个法规来，针对目前的毛病，是绝对的好。但经过几年，甚至经过几个月以后，就变成了坏的。所以真正懂了其中道理，知道了宇宙万事万物都在变，第一等人晓得要变了，把住机先而领导变；第二等人变来了跟着变；第三等人变都变过了，他还在那里骂变，其实已经变过去了，而他被时代遗弃而去了。反经的原则就在这里。

古今无定法

现在看《长短经》的本文，举了很多历史的例子：

> 臣闻三代之亡，非法亡也，御法者非其人矣。故知法也者，先王之陈述，苟非其人，道不虚行。故尹文子曰：仁、义、礼、乐、名、法、刑、赏。此八者，五帝三王治世之术。

这是大原则，这里列举中国上古三代的亡去，这个亡不要一定看成亡国的亡，时代过去了，没有了，都称亡，如昨天已经过去了，用古文可写成"昨日亡矣"。这里的写法，不能认为昨天亡掉了，亡者无也，是过去了，没有了的意思。所以三代的成为过去，并不是因为政治上法治有什么不好而亡的。而是说不管走法家的路线、儒家的路线或道家的路线，一切历史的创造在于人，如现在讲民主，民主是很好，但统御这个民主制度的，还是在于人，如果人不对，民主制度也会被用坏了。专制也是一个政治制度，是一个"法"，法本身没有好坏，统御法的人，领导的人不对，就会弄坏。所以从这里的论断来说，民主也好，法治也好，专制也好，独裁也好，这些都是历史文化的陈述，都成了过去，实际上做坏做好，还是要靠人。

仁、义、礼、乐、名、刑、赏、罚，是中国文化所处处标榜的，可是在反经的纵横家看来，儒家所讲的"仁义"，道家所讲的"道德"这些名称，都不过是政治的一种措施、一种方法而已，他们认为儒家、道家标榜这些，是好玩的，可笑的，这不过是一种政治方法，有什么好标榜的！

10 仁爱的流弊

> 故仁者，所以博施于物，亦所以生偏私。——反仁也。议曰：在礼，家施不及国，大夫不收公利。孔子曰：天子爱天下，诸侯爱境内，不得过所爱者，恶私惠也。故知偏私之仁，王者恶之也。

譬如仁就是爱，普遍地爱大家，当然是好事。可是爱的反面，就有私心，有爱就有偏私，这里并举出，中国古代的礼乐制度，是文化的原则。但家与国是要分开的，所给某一家的义务不能普及到全国，给某一家的鼓励，也不能普及于全国。在位服务公家的人，虽然为官大夫，但对公家的公名公利，绝不能归于己有。如宋史上有名的宰相王旦，他提拔了很多人，可是当面总是教训人，等他死了以后，大家才知道自己曾经被他提拔过。当时范仲淹曾经问他，为什么提拔了而不让人知道？王旦说，他提拔人，只是为国家遴选人才，何必让被提拔的人来感谢他私人？所谓"授爵公朝，感恩私室"的事不干，这是大夫不收公利的例子。

接着又举孔子的话:"天子爱天下,诸侯爱境内……"仁爱有一定的范围,超过了范围,就变成私了,如果有偏心,他对我好,我就对他仁爱,这是不可以的,只要偏重仁爱,偏私就会来。自古庸主败亡者多仁慈而不智,项羽、梁武帝等人,其例甚多。

仗义的流弊

> 义者,所以立节行,亦所以成华伪。——反义也。议曰:亡身殉国,临大节而不可夺,此正义也。若赵之虞卿,弃相捐君,以周魏齐之危。信陵无忌,窃符矫命,以赴平原之急。背公死党之义成,守职奉上之节废,故毛公数无忌曰:于赵则有功矣,于魏则未为得。凡此之类,皆华伪者。

义有正反面,如对朋友讲义气,讲了的话,一定做到,言而有信,对朋友有义,这个节操品行很好,但是处理不当,相反的一面,就有大害了。而且变成"华伪",表面上很漂亮,实际上是假的,这就是反义。从历史的经验来说,义的正面是国家有困难,社会有困难,为了救社会,为了救国家,为了帮助很多的人,把自己的生命都牺牲掉,在最要紧的地方,绝不投降,绝不屈服,这才是正义,在义的正的一面,便是大义。

可是历史上有许多事情,看起来是讲义,实际上都错了。

如战国时候,赵国宰相虞卿的故事(在《战国策》,或《史记·虞卿列传》里都有记载)。虞卿这个人了不起,他曾著了一部书——《虞氏春秋》,比吕不韦写的《吕氏春秋》还要早一点——他是一个知识分子,平民出身,游说诸侯,得到赵王的信任当辅相,而在当时国际之间,那么紊乱的情形,他起码比现在的基辛格更高明。这个人非常讲义气，他已经当了赵国平原君极为信任的辅相，而他的朋友，魏国的公子魏齐，在魏国出了事情被通缉了，逃到赵国来找他。按当时的魏赵之间的关系，赵国是应该把魏齐送回魏国去的。可是虞卿是赵国的辅相，魏齐以当年未发达时的私人朋友身份去找他，如果站在法制的立场，虞卿应该把这件事报告赵王，把魏齐引渡到魏国去。而虞卿认为如果这样做太不够义气了。魏齐是自己年轻未发达时的好朋友，今天他在魏国政治上遇到这样大的困难，偷偷来投奔，如果把他送回魏国，就太不够义气，因此"弃相捐君"，连宰相都不当了，偷偷离开了赵王，带魏齐一起跑了。这件历史上的故事，从做人方面来讲是难能可贵的，这是讲义气，但对公的大义而言，这种义气是不对的。

信陵君的故事

第二件故事，在《古文观止》上就有录载，战国时代魏公子信陵君，是战国时的四大公子之一，和齐国的孟尝君，赵国的平原君，楚国的春申君先后齐名，都争相养士。信陵君名无忌，和赵国的平原君是好朋友，平原君有了急难，非要魏国出兵，可是魏王不答应，于是找信陵君，信陵君就把魏王发兵的印信偷出来——送了一件最名贵的皮大衣给魏王宠爱的妃子，把印信偷出来，发令出动自己国家的三军，帮助赵国打垮了敌人。这件事在信陵君来说，对赵国的平原君是够义气了，但到底兵符是偷来的，并不是国家元首发布的命令，也是不对的。

所以对这两件事的结论是"背公死党之义成，守职奉上之节废"。以历史上这两个大名人的故事来讲义，他们违背了大义。为朋友可以卖命，犯法就犯法，为朋友是真的尽心尽力了，这种私人之间的义气是够重的，但是这两个人可不能只讲私人的义气，因为他们是有公家职务的人，这样做违背了职务的守则，是对上不忠实的。"守职奉上"之节也是义，所以从这两件事上来讲，他们实在有亏职守。因此毛公（赵国隐士）就批评信陵君，这样做，对于赵国虽然有功，而对于他自己的魏国来说，就并不算是合理了。凡这一类的历史故事，把义做得过头，反过来了，就容易变成虚伪，都是为了私心而用手段的。

讲礼的流弊

> 礼者，所以行谨敬，亦所以生惰慢——反礼也。议曰：汉时欲定礼。文帝曰：繁礼饰貌，无益于礼，躬化为可耳，故罢之。郭嘉谓曹公曰：绍繁礼多仪，公体任自然，此道胜者也。夫节苦难贞，故生惰慢也。

中国文化最喜欢讲礼，礼也包括了一切制度。有礼、有规矩，在公家或私人的行为上，是比较好。但是相反的，制度、规矩，行久了，太多了，会出大毛病，会使人偷懒、逃避。和法令一样，立法太繁，就有空隙可钻了。在这一节中提出反面的历史事例。汉高祖统一天下以后，除由叔孙通建立了政治制度以外，由春秋战国下来，经过秦始皇到汉代为止，中国文化又被拦腰斩了一刀，没有好好地建立。叔孙通替汉高祖建立的是政治制度，没有建立文化制度。所以现在讲到中国的学术思想，都讲"汉学"。"汉学"也称作"经学"，像四书、五经等，都是在秦始皇的时候，没有被烧光的，由没有被杀的读书人找出来，背出来的，于汉时重新建立的。我们现在看到的四书、五经以及《老子》《庄子》等古书，认真考证起来，有的地方是有问题，不一定和当时的原书完全一样，在汉代重新建立时，有的还是难免背错了，所以最初文化没有建立根基。到了汉文帝的时候，学者们建议定礼，可是汉文帝反对。后来到汉武帝的时候，才建立以儒家思想为基础的中国文化系统。当时汉文帝和他的母亲，是崇拜道家老子思想的，那个时候的政治哲学，是主张政简刑清，完全是老子思想，尽量地简化，不主张繁琐，这是有名的所谓"文景之治"。到了汉文帝的孙子——汉武帝的时候，才主张用儒家，兼用法家的思想，所以在中国的文化历史上，严格地看"文景之治"这一段，比较空白，但也比较朴素。汉文帝当时反对定礼，所持的理由是，儒家的礼太繁了，我们读《礼记》就知道，他的说法不无道理，所以墨子也早已反对，还有很多学者和墨子一样都反对繁文缛节，孔子、孟子的思想，对于过分的礼也是不太赞成。照《礼记》的规矩，真是繁琐得很。我们现在这样站，这样坐都不对的，讲话、走路、站、坐、穿衣，生活上一点一滴，都要小心谨慎，所以说是繁礼，麻烦得很，讨厌得很，专门讲外表，笑都不能哈哈大笑，不能露齿，那多痛苦！汉文帝认为这并不是礼的真正精神，不必定那么多条文，大家只要以身作则来教化，就可以了，所以下令不谈这个问题。

郭嘉论袁绍与曹操

另外一个故事，是用曹操的例子。郭嘉是曹操初期最好的参谋长，头脑并不亚于诸葛亮，可惜年轻就死了。当时曹操想打垮袁绍很困难，袁绍当时是世家公子，部队也多，等于军政大权都掌握在袁绍手里。曹操力量薄弱，简直不能和袁绍比。可是当曹操和郭嘉讨论当时的战略时，郭嘉对曹操说，不必担心袁绍。袁绍一定会失败的，因为袁绍是公子少爷，世家公子出身，处处讲规矩，到处要摆个架子。而你曹操，不讲究这些，体任自然，出来就出来了，该怎么做就怎么做，这就会成功。而袁绍处处来个礼仪规矩，文化包袱太重了，摆不掉，一定失败。你的体任自然的直截了当作风，大家都愿意合作，是成功的有利条件。

因为处处要人守礼，要人讲节义，这是令人痛苦的事情，要人压制自己，每一个人讲修养；要求每个人都是圣贤，有学问，有道德，守住这种贞节是很困难的。即使每个人都讲礼，都守规矩，这样习惯了以后，万事就都没得进步了。换句话说，文化学术悠久了，没有精进，也不行。

乐乐的流弊

> 乐者，所以和情志，亦所以生淫放。——反乐也。《乐书》曰：郑卫之音，乱代之音，桑间濮上之者，亡国之音也。故严安曰：夫佳丽珍怪，固顺于耳目，故养失而泰，乐失而淫，礼失而彩，教失而伪，伪彩淫泰，非所以范人之道。

乐在古代的含义，并不限于音乐，以现代的名词而言，乐包括了文化与艺术，乃至如歌、舞、音乐等。这里说乐本来是好的东西，可以调剂人的性情，是社会文化不可缺少的，但是它的毛病，会使人堕落。我们看历史，一个国家富强了，文化鼎盛，艺术发达到最高点的时候，也就是这个国家、民族、社会最堕落的时候，所以乐有反的一面。《乐书》就说，春秋战国时候，郑国和卫国的音乐，就是乱世的音乐，《诗经》里也收集了一点桑间濮上男女偷情的诗歌。我们现在的部分歌词，以古代对音乐的观点看来，是充满了桑间濮上之音，这是靡靡之音,所以极需要把它净化。因此引用严安的批评说:"佳丽珍怪",如现代的各种选美,就是佳丽,珍怪就是稀奇古怪的东西拿出来公开、展览、比赛。社会太安定了,没有事做,就搞这些事情,好听、好看、热闹。人类社会真的绝对安定,真到了各个生活满足,那么整个社会就完了。"养失而泰",养就包括民生,民生太舒泰了,社会就堕落下去。"乐失而淫",淫就是过度了。"礼失而彩",文化精神丧失了,表面好听好看的东西却特别多。文化不是只靠歌舞戏剧就可以宣传得好的。如戏剧里演出来好人有好报,恶人有恶报,该是正确的,可是一些孩子看了,专去学戏里坏的动作那一部分,这后果可严重。"教失而伪",提倡教育是好的,教育的偏差,结果知识越丰富的人,作假越厉害。养乐礼教都对,但每一事都有反的一面,"伪彩淫泰,非所以范人之道"。要求社会上每个人都一定走上一个轨道,是做不到的,所以讲领导哲学,为政之难,目的在矫正,如矫正得过度了一点,结果发生的偏差就很厉害了。

名器的流弊

　　名者,所以正尊卑,亦所以生矜篡。——反名也。议曰:古者名位不同,礼亦异数,故圣人明礼制以序尊卑,异车服以彰有德。然汉高见秦皇威仪之盛,乃叹曰:大丈夫当如此。此所以生矜篡。老经曰:夫礼者,忠信之薄而乱之首。信矣哉。

　　名,是很好的,给人家名誉,这是好事,如现在的表扬好人好事,绝对没有错,但是也会使人生矜篡的念头,就是傲慢、篡夺的念头,这就是由名位而生相反的一面。中国的古礼,名称地位不同,待遇也不同,古代的官制很严格,阶级不同,穿的颜色也不同,它的最初目的在表扬有德,这是好的。可是像秦始皇的车服,显示得那么威风,而汉高祖和项羽,当时看了秦始皇的那种威仪以后,汉高祖心里面就起了"大丈夫当如是乎!"的念头,项羽更直截了当起了"取而代之"的念头,名位就有这样反的一面,正如老子的话:"夫礼者,忠信之薄而乱之首。"人的本质差了,就提倡礼,但是有了礼,制度规范是很好,可也是倡乱的开始。从汉高祖、项羽看了秦始皇的威仪所起的念头这件事,老子的这句话是可信的了。

重法制的流弊

> 法者,所以齐众异,亦所以乖名分。——反法也。议曰:《道德经》云:法令滋彰,盗贼多有。贾谊云:法之所用易见,而礼之所为至难知也。又云:法出而奸生,令下而诈起,此乖分也。

这是讲法治的道理,每个人处处规矩,每人都有他的守则或范围,本来很好,可是毛病也出在这里,正如《道德经》上老子说的:"法令滋彰,盗贼多有。"一个社会法令越多,犯法的人越多,法令规定越繁,空隙漏洞毛病愈大,历史上秦始皇的法令那么严密,还是有人起来革命。汉高祖一打进咸阳,把秦始皇的法令全部废了,约法三章,只有三项法令:杀人者死,伤人及盗抵罪。很简单的三条,老百姓就服了他,所以贾谊也说,法令越严密,犯法的人也越多起来,有的人要做坏事之前,先去找法令的漏洞做根据,做出来的坏事就变成合法的,法律不能制裁他。法规定了,有时反而容易作假,真正会犯法的人,都是懂法的,法令对这种人毫无办法,这就是乖分。

刑赏的流弊

> 刑者,所以威不服,亦所以生凌暴。——反刑也。

刑与法不同,刑是杀人,或拘留人,是处罚人,给人精神上、肉体上一种痛苦的处罚。这是以刑树威、遏阻那些不守法的人。但是执行的人,会滥用刑法来欺负别人,有时好人也会受到刑法惩罚的痛苦,这便是刑的反作用。

> 赏者,所以劝忠能,亦所以生鄙争。——反赏也。

有功奖励,本来是好事,但奖励也会产生卑鄙的竞争。得奖的人,与没有得奖的人,常常会争功、争赏,而争得很鄙俗,所以行赏也有好有坏。

学识的流弊

> 文子曰:圣人其作书也,以领理百事,愚者以不忘,智者以记事,及其衰也,为奸伪,以解有罪而杀不辜。——反书也。
> 文子曰:察于刀笔之迹者,即不知理乱之本。习于行阵之事者,即不知庙胜之权。庄子曰:儒以诗礼发冢。大儒胪传曰:东方作矣!事之何若?小儒曰:未解裙襦,口中有珠。诗固有之曰:青青之麦,生于陵陂,生不布施,死何含珠,为接其鬓,压其䫇(音许秒反),儒以金椎控其颐,徐别其颊,无伤口中珠。由

此言之，诗礼乃盗资也。

文子说，上古时的人，造了文字，有了知识。为什么作了书，要教人懂得文字？文字教育的目的，是使人有知识、懂事。使笨的人思想能够开发，不要忘记过去的错误，聪明的人知识学问高了以后，能够懂事。可是相反的，等到知识越广博，作奸犯科，作假的本事也越大，懂了文字，有了知识以后，犯法的也许就是这些人，而且有理论，讲得出道理来，有罪的人他可以说成没有罪，好人可就受害了。最著名的，如清代小说中的四大恶讼师，以一个字之差，就可以变更一个人有罪或无罪，由此可见一个当公务员的，手里玩笔杆的，有时候真厉害，真可怕，尽管现代是新式公文，还是要小心，不能随便用字，有时候一个字的关系都非常大。老一辈的人常说"一字入公门，九牛拖不出"。可见其严重，这就是文字效用相反的效果。

文子更进一步说，有些人做幕僚出身，专门在文字上挑剔的，笔比刀还厉害。在公文上是完全办对了，也符合法令，可是这件公文出门以后，会造成社会的紊乱，会使人造反。所以会办公文的人，不一定懂得政治，等于学军事会打仗的人，不知道国家的整个政策和战略一样，所以"察于刀笔之迹者，即不知理乱之本；习于行阵之事者，即不知庙胜之权。"这两句话是名言，要特别注意的。

盗窃死人以自豪

下面是举的一个很有趣的例子，又举出庄子来了，庄子是很会挖苦人的，这个故事记载在《庄子》的杂篇里面，这个故事很妙，他说读书人没有一个好人，都是在挖开死人的坟墓，偷死人的东西据为己有，包括我们自己在内，都是把死人坟墓里的东西挖来，当成自己的，在这里吹。这个故事说，老师带了学生，去挖前辈一个读书人的坟墓，挖了一整夜了，老师站在旁边问道：天都快要亮了，你挖得怎样，拿到了东西没有？学生说：已经挖开了，看见了死人，不过不好意思脱他身上的衣服，可是他的嘴里含着一颗宝珠，这颗宝珠一定要挖出来才行（我们今天所讲的，都是古人吐出的口水，我们将这些残余的唾沫拿来，加一点化学作用，就变成自己的学识在这里吹，这就叫做学问，也就是庄子所说死人口里的宝珠）。老师一听见学生说死人嘴里有珠，就说这有道理，古人说的，绿油油的麦子，要生长在旷野的山坡上，人生也要在活着的时候，显现出现实的美丽来，可是坟墓里的这个家伙，生前那么悭吝，向他请教他都不说，死了嘴里却还含了一颗宝珠，快把他的珠子拿来！可是，小子得小心地偷，你先把他的头发抓住，压开他下巴的两边，然后用铁钉撑开他的嘴。慢慢张开他的牙关，他的尸骸骨头弄坏了没有关系，可是他嘴里那颗宝珠，千万要小心拿来，不可毁损。

　　这是庄子在骂人。试看各种文章，里面"孔子曰"就把孔子嘴里的珠掏出来了，"柏拉图说"就把柏拉图嘴里的珠掏出来了，都是偷死人嘴里的宝珠。读书人都是这样教学生，这样说起来，知识毫无用处，越有知识的人，越会做小偷。还有，自己有一肚子好学问，著一本书，流传千古，还不是又被后代的人偷去。没有学问还没有人来偷，如果嘴里含一颗宝珠，死了以后，棺材还被人挖出来。暴君就专搞这一套。

　　这故事把天下读书人都骂尽了，但是也使我们懂了一个人生的道理——一切的努力，都是为别人作准备。

上编

福利社会的事

> 其作囿也,以奉宗庙之具,简士卒,戒不虞。及其衰也,驰骋弋猎,以夺人时。——反囿也。齐宣王见文王囿大,人以为小,问于孟子。孟子曰:周文王为囿,方七十里,刍荛者往焉,雉兔者往焉,与人同之,民以为小,不亦宜乎?臣闻郊关之内,有囿方四十里,杀其麋鹿者,如杀人之罪,民以为大,不亦宜乎?楚灵为章华之台,伍举谏曰:夫先王之为台榭也,榭不过讲军实,台不过望氛祥,其所不夺穑地,其为不匮财用,其事不烦官业,其日不妨事务。夫为台榭,将以教人利也,不闻其以匮乏也。

中国古代的囿,是帝王宫廷所造的大花园。造囿的第一个宗旨,奉宗庙社稷,把祖宗的牌位摆在里面,作为国家的象征。另外一个宗旨,是"简士卒",训练部队,以戒备国家的不时之虞,防止随时随地意想不到的变乱事故。这本来是好的。可是国家到了鼎盛的时候,这种戒备的心理松弛了,失去了警觉性,练兵的操场,变成了运动场,最后还被敌人占领去了。这就是造囿的反效果,所以天下事都有正的一面和反的一面。

孟子讲故事

在历史上也有囿的故事,齐宣王看见以前文王的囿大,可是一般人还以为太小了,就问孟子这是什么道理?这一段读过《孟子》

的都知道。中国上古周朝的时代，虽然是皇帝的专制政体，他修的囿，是与民同乐的公园，到春秋战国以后，就没有公园了，变成皇帝私人玩赏的地方。我们中国现在的公园兴起，老实说是近百年来受了西方文化的影响，而历史上我国在周代以前的文化，本来就有公园，所以孟子告诉齐宣王，造公园与民同乐、同利益，大家自然会认为方圆七十里的公园还太小了。他同时对齐宣王说，听说你修的囿，方圆只有四十里，里面养了许多动物，小羊、小鹿之类，如果老百姓打猎杀了小鹿，你就要把打猎的人抓来，如同惩罚杀人犯一样抵罪。所以老百姓会讨厌，因为你只是私人的享受，何必修那么大的花园。

楚灵王的故事

另一个历史故事，楚国的灵王修章华台，伍子胥的祖父伍举反对，他对楚灵王提出意见说，照中国文化的道理，我们的大建筑，修建大广场，是讲军事，为训练部队用，建筑高台是研究天文用的。可是尽管国家需要这样大的建筑，还是有四个条件，就是第一不能占用老百姓用来种田的土地；第二这项建筑的经费，不伤害到国家的财政；第三对于工程，雇用老百姓来做，并不妨碍到公私的事情；第四在时间上，绝不在农忙的期间动工。所以一个国家伟大的建筑，是教人有利于社会，这样国家进行的伟大建筑，不但不会招惹民怨，甚至都将成为百姓感戴颂扬的对象了，就不会发生国家财政上有所匮乏的问题了。

我们现代是以民主政治为基础，尤其近几十年来的政治观念，当然到了最进步的时候，而在古帝王时代，就有这许多毛病，这都是讨论古代政府在建筑方面的反效果给予我们历史教训的经验。

尚贤的流弊

其上贤也,以平教化,正狱讼,贤者在位,能者在职,泽施于下,万人怀德。至于衰也,朋党比周,各推其与,废公趋私,外内相举,奸人在位,贤者隐处。——反贤也。太公谓文王曰:君好听世俗之所举者,或以非贤为贤,或以非智为智,君以世俗之所举者为贤智,以世俗之所毁者为不肖,则多党者进,少党者退,是以群邪比周而蔽贤,是以世乱愈甚。文王曰:举贤奈何?太公曰:将相分职,而君以官举人,案名察实,选才考能,则得贤之道。古语曰:重朋党则蔽主,争名利则害友,务欲速则失德也。

在诸子百家中,墨子主张贤人的政治,"尚贤""尚同"是他主要的思想。历史上的政治哲学思想,都是圣贤的政治哲学。现在这里的反贤,并不是反对圣贤政治,而是说太过分了,太偏重了,就会出问题。正如孔子说的"矫枉过正",矫枉到超过了正的分寸,又是偏了,尚贤也是一样,原文"上贤"的"上"与"尚"通,就是重视的意思。在尚贤政治好的一面,是平教化。社会的教育文化到最高的水准,社会安定,没有犯罪的人,所以"贤者在位,能者在职",这是中国政治的大原则,最终的结果,就是"泽施于下,万人怀德"八个字,使全民得到这种政治所产生的福利。而在另一面,光讲贤人在职,贤能与不贤能的人,好人或不好的人,很难分别,如果走偏了,好人与坏人往往也会结成一党。比如历史上很有名的党祸,在汉、宋两代都很严重,宋代乃至有一度立了党人碑,连司马光、欧阳修,这一班历史上公认为正人君子的,都列名在党人碑上,几乎要杀头坐牢的!而我们现代从历史上来看宋代的党祸,双方都不是坏人,这两派都是好人。另外一派的领袖王安石,历史上说他如何如何坏,其实也说不出他什么坏的事实,只是说他的政策不对,当时实行得不对,但是我们政治上的许多东西,如保甲邻里制度,就是他当时的这一套制度,他的收税原则也没有错。王安石本人,既不贪污,又不枉法,自己穿件衣服都是破的,虱子都在领口上爬,爬到衣领上去,被宋神宗看见,都笑了。三餐吃饭,都只吃面前的一盘,一则是因为近视,看不见对面的菜,更重要的是从来不求美食,对于物质的生活,没有什么过分的需求。可是在宋代他形成了那么大的朋党,只是政治意见不相投,而成为很严重的问题。朋党则比周,同一政治意见的人,会互相包庇,每人都推荐自己信任的朋友,拉自己的关系,结果就废公趋私,变成一个大私的集团,内外挟制,而被坏人利用这个团体,把好人当招牌,安安稳稳坐在上面,替坏人做了傀儡。这就成了贤人政治的反面。

姜太公论派系问题

接下来引用姜太公对文王的建议,作为这个道理的伸论。姜太公告诉周文王,如果完全听信社会上一般人的推举,社会上都说某甲好,就认为某甲好。但社会的这种舆论,不一定有标准,因为群众有时候是盲从的(古代是如此,现在用在民主政治,更要注意)。有时候非贤为贤,并不是真正贤人,因为社会关系多,制造他变成一个贤人的样子,乃至于并不是大智大才的人,也会被社会制造成智者的样子。如果根据社会上这种舆论,领导人便公认这样就是了不起的人,以为就是贤人,就有问题。相反地,对于世俗一般人认为不对的,也跟着大家认为这人就是不对的话,那么拥有多数群众的就能进身,群众少的就会被斥退。于是一班坏人可利用这种机会,彼此结合,遮蔽了贤者之路。因此世乱愈来愈甚了。这也就是说,无论古今中外,人相处在一起,自然就会结党,派系就出来,所以姜太公提出这个意见。

文王问他:我专用贤人,这就好了吧?姜太公答复文王:做领导人的要公平,人与人之间,两三个人在一起,派系就出来了,所以不能怪他有派系。人的社会就是如此,主要在于领导人的公平,将与相,文的武的,制度职务处理得好,在职务上,为政治的需要而找人才。"以官举人"这句话不要轻易放过。看懂了人事,再回过头来看历史,几十年前出来做事的,哪有现在的困难?那时有什么考试?只要找到关系,写一封介绍信,没有缺额,也因人而设官。而政治上轨道的时代,则以官举人,真需要人办事,职务确定了,才找适当的人才,绝不因人情的关系,而另外设一个官。要规规矩矩,不可以乱来。我们看周代八百年初期的政治,确是"案名察实",脚踏实地,用人绝不讲人情,选他的才干,考察能力,所以这里的"贤"是实用的人才,稍有不同于"四书"中,孔孟所讲的贤人,这里的贤包括才、能、品格在内。这样才是获得有才能、好品格人才的方法。最后引用三句古话:"重朋党则蔽主,争名利则害友,务欲速则失德。"这三句话是中国文化的精神,小自个人的修养,大至政治的修养,都要特别注意。一个时代,如果派系倾轧,只以小圈子利益为主,互相朋党,则蒙蔽了领导人,重视了权力、地位的名义和利益,有时就会伤天害理,害了好朋友。万事不可求速效,办一件事若要马上得到效果,为了赶成绩,就伤害到别人,伤害到职务,乃至扩大伤害到国家社会,就出了大毛病。

不能善用所长的五反

《韩诗外传》曰：夫士有五反，有势尊贵不以爱人行义理，而反以暴傲。——反贵也。古语曰：富能富人者，欲贫不可得；贵能贵人者，欲贱不可得；达能达人者，欲穷不可得。梅福曰：存人所以自立也，壅人所以自塞也。

家富厚，不以振穷救不足，而反以侈靡无度。——反富也。

资勇悍，不以卫上攻战，而反以侵凌私斗。——反勇也。凡将帅轻去就者，不可使镇边，使仁德守之则安矣。

心智慧，不以端计教，而反以事奸饰非。——反智慧也。说苑曰：君子之权谋正，小人之权谋邪。

貌美好，不以统朝莅人，而反以蛊女从欲。——反貌也。此五者，所谓士失其美质。

这里是讲士的五反，古代的所谓士，以现在来勉强解释，包括了一切知识分子，不过一说知识分子，很容易误为限于读书人，其实不然，无论文的武的都称为士。

这里提到古书的《韩诗外传》里一段文章：一个人有五反，贵、富、勇、智、貌等五种相反的一面。

有些人，有了势力，地位高了，譬如一个人穷小子出身，到了尊贵的时候，本来应爱护别人，爱护朋友，但是他反而不爱护别人，也不爱护朋友，而且做事不照义理，反而骄傲起来，脾气也暴躁起来，这是反贵——第一反，就是说人没有把握永远不变的，看别人，看历史，看社会，乃至看自己，都没有把握不变。现在自己可怜兮兮的，还很自我欣赏，说不定到达了某一个位置，观念就整个变了。

所以要在富贵功名，或贫穷下贱，饥寒困苦都永远不变，保持一贯精神的做法，是很难做到的。但有势尊贵以后，反转来不爱人，不行义理，反而变得暴傲，这就是贵的反面。

这里又引用中国古人的老话，"富能富人者，欲贫不可得"等三句，乍看之下，好像不可能，但从经验中体会，事实就是如此。有钱的人，在他富有的时候，还能够帮助别人也富有，这样广结善缘，得道多助，自己想穷一点都做不到。一般人想，钱越多越好，有谁会希望自己穷的，这就要看个人的人生经验了。人到了有钱、有地位时，若想下来一点，却做不到。有些人运气好，追随到一个了不起的人，一步步富贵上去，想下来做一个老百姓却不可得，能够帮忙别人发达，提拔别人的人，自己想退休不干，也办不到。所以梅福（汉朝人，后来成了神仙，宁波四明山，就是他归隐成仙的地方）说：帮忙人家，结果还是帮忙了自己，阻别人路的人，最后还是把自己的路塞了。

这一段话，仔细去思想，多处去体会就发现意义很深，把前面的古语和梅福的话，对照起来，就可以了解。这些话，并不像其他的书标榜因果的道理，而只是说人的心地要忠厚。

……

第二个是富的反面。本来，一个人有了钱财，应该帮助人家，帮助亲戚朋友，乃至整个社会的贫人。可是，有的富厚之家，不但没有帮助别人，做社会福利、公益事业，反而因家庭的富厚，侈奢无度，这是富的不好，因此有时富贵反而害了人。

……

第三是武勇的反面。有的人，勇敢彪悍，可以做军人，保卫国家，而结果走错了路，如现代青年，当太保流氓，好勇斗狠去欺负人，成为私斗，这是勇的反面。勇是了不起，但有勇的人，走偏了路，就变成大太保，乃至当强盗土匪。所以领导的人，对于勇的人才处理，国家社会该怎样培养他，要很恰当。"将帅轻去就者，不可使镇边。"我们再去读历史，常常看到某一将领在前方，做得非常好，突然会把他调回来，当然，也有的调错了，乃至因而亡国的。可是从这种出了问题的历史例子中，就看得出来，如果调得平安的，就看不出来。如明朝末年，熊廷弼镇守东北，把满人挡住了，最后皇帝被奸臣蒙蔽利用，把熊廷弼调回来，乃至论死。假如说皇帝混蛋，本来他在宫廷里长大，对外面事不全懂，实在就无话可说了。但这些职业皇帝也满聪明的，他从左右大臣那里听来的理论，比我们书本上得来的多，公文比我们看得多，他明知道不必要，可是硬把前方干得好好的将领调回来，也自有他的道理，因为犯了他内心上的妒忌。换什么人？"使仁德守之则安矣！"换一个大度雍容、有仁德、识大体的人坐守边疆，不要打起来就好了。读了这一段，再一想欧美各国的作风，都有他的道理。在我们看来，他们的这种做法全错了，但不要忘了，我们是站在我们的立场去批评，就我们目前的观点而言。而在他们自私的立场，只希望他这一代不乱，安于现实就好了。

　　由这里知道，书本上的道理到底对或不对，很难评断，同一个道理，同一个原则，用对了就有益，用错了就有害，所以知识这个东西，也是靠不住的，在乎个人的运用。

　　……

　　第四是智惠（"惠"通"慧"）的反面。聪明才智的人，心思灵敏，很有智慧，用之于正，对社会有贡献，而相反的就是奸，做作，这是智慧的反面，所以在《说苑》这部书上说，"君子之权谋正，小人之权谋邪"。权谋就是手段，手段本身并不是坏的名词，圣贤讲道德，道德也不过是一个手段，仁义也是一个手段，这并不是坏的，正人用手段，手段就正，在乎动机，存心正手段就正，存心邪门的人，即使用仁义道德好的手段也是邪。

……

第五是美貌的反面，用人先看相貌好不好，态度好不好。古今都是如此，距离我们比较近的清朝几百年历史，尤其晚清，有一个人一脸麻子，考取了进士，最后廷试，要跟皇帝见一面的时候，本来是状元，结果因为是麻子，而换了别人。风度好，相貌好，也是件好事，并不是坏事，去做外交官或政治上需要讲究仪表的人物，本来很妥当，如果利用自己的美貌去搞男女关系，去纵欲，这就是貌的反面。

总括说这五个条件，一个人够称得上士，具备了某一个条件，但是不能善用其所长，反而把优越的条件变成所短而弄成反面的，还是很多，这就失去了士的原本素质了。

姜太公论三明

太公曰：明罚则人畏慑，人畏慑则变故出。——反明罚也。明察则人扰，人扰则人徙，人徙则不安其处，易以成变。——反明察也。太公曰：明赏则不足，不足则怨长，明王理人，不知所好，而知所恶；不知所归，而知所去，使人各安其所生，而天下静矣。晋刘颂曰：凡监司欲举大而略小，何则？夫细过微阙，谬忘之失，此人情所必有，固不许在不犯之地，而悉纠以法，则朝野无立人，此所谓以治而乱也。

这是引用姜太公的话，就明罚、明察、明赏等三明的反面而谈治乱。

明罚，是说刑罚，管理得太严，动不动就罚。罚得严厉，大家都怕，但不要以为怕就可以吓住人，老子就提过这个原则："民不畏死，奈何以死惧之。"人到了某一个时候，并不怕死的，所以过分使人怕，反而容易出毛病，容易发生变乱。

明察，凡事都对人看得很清楚，调查得很清楚。这就使人感觉到被扰乱、受干涉，为了避免干涉，于是逃避迁走了，不安其处，也容易形成社会的变乱，所以明察也有反的一面效果，因此中国的政治，过去总讲厚道，要宽容一点。

明赏，动不动就奖励，这样好不好？奖励过头了也不好，人的欲望不会满足的，愈来愈不满足，一不满足就会发生怨恨了，最后便变成仇敌了。

所以真正懂得道理的，对于干部的统率管理，能够做到没有好恶，过太平日子，达到平安两个字的境界，才是真正的太平。

换句话说，反经告诉我们，任何一个办法，正反两端，有如天平一样：只要有一端高一点，另一端就低一点，不能平衡，问题就出来了。

最后引用晋朝名臣刘颂的话作这五个反面的结论。刘颂说：政府中负有监督责任的人，为什么只注意大的地方，而对于一些小的地方不去注意，因为每个人小的过错，偶然的缺点，或者忘记事情，这是人的常情，在所难免的，这不能算是犯了法，不应该将这类事情，列在不可违反的范围，而纠正处罚他，否则的话，政府机构和社会上，就不会有一个称得上标准的人了。这样苛刻的要求，就算不上是清明的政治，因为要求得太过分，反而造成了乱源。在一个单位中，领导的人，自己做到清廉，自己没有嗜好，是可以的，但要求部下，每个人都和自己一样，这就不行了，这就是"以治而乱"了。

专权与嫉妒

晏子曰：臣专其君，谓之不忠；子专其父，谓之不孝；妻专其夫，谓之嫉妒。——反忠孝也。《吕氏春秋》曰：夫阴阳之和，不长一类，甘露时雨，不私一物，万人之主，不阿一人。申子曰：一妇擅夫，众妇皆乱；一臣专君，群臣皆蔽。故妒妻不难破家也，而乱臣不难破国也，是以明君使其臣，并进辐辏，莫得专君焉。

忠臣孝子，这是最了不起的人格标准，但也不能过分，过分就是毛病。所以齐国的名相晏婴，这位了不起的人物曾经说过，一个好的干部，固然对主管要忠心，可是忠心太过就变成专权了。就是说一切都要经过这一个干部，容易形成这个干部的专权，那就太过分了，两三个兄弟，都要当孝子，其中一个要特别孝，那么下面的弟弟都被比下去了，这也是不孝；古代多妻制的时候，有几个太太，其中一个独擅专房，不能容纳别人，这就是妒忌。因此忠、孝等，过分了也不好，也有反效果。所以吕不韦著的《吕氏春秋》（吕不韦这位秦始皇的父亲，原来是做生意的，后来把人家的国家都换给自己儿子，这是生意做得最大的了。他著了一本书《吕氏春秋》，实际上不是他自己作的，是他的智囊团们，把中国文化中杂家的学问都收集起来编著的。书成以后公布，有谁能更改其中的一个字而改得更好的，就赏千金，公布了几个月，也没有人去改一个字，这固然是吕不韦的地位太高了，大家不敢去改，而事实上这部书是有内容的，我主张大家要读。它也是中国杂家之学的大成，杂家可不一定是坏的，正的反的，好的坏的，包罗万象，叫作杂学）书中说宇宙万物滋生靠阴阳，它生长了高丽参可以补人，也生长了毒草可以害人，并不偏向只生长一类。天下雨，需要水的地方下，不需要水的地方也下，公道得很，这就是天地无私。人要效法天地。所以当领袖的人，万民之主，不能为了一个人而偏私，申子（战国时韩国人，名不害，学本于黄老而主刑名，著书二篇，号申子，为法家之祖）也说，一个女人独占了丈夫，在多妻制的时代，其他的太太，一定发生捣乱的行为。家庭如此，国家也如此，一个臣子"专君"了，其他所有的大臣、干部都被遮盖了，所以专宠的太太，很容易破家，而乱臣容易破国。所以一个高明的领导人，对于部下，不能只偏爱一人，偏听一个人的意见，也不专权任用一个人，凡事大家一起来，像古代车轮的支杆，一起都动，于是就不会有专君的现象了。

文武兼资论

韩子曰：儒者以文乱法，侠者以武犯禁。——反文武也。曹公曰：恃武者灭，恃文者亡，夫差偃王是也。吴子曰：昔承桑氏之君，修德废武，以灭其国；有扈之君，恃众好勇，以丧社稷；明主鉴兹，必内修文德，外治武训。故临敌而不进，无逮于恭。僵尸而哀之，无及于仁矣。《铃经》曰：文中多武，可以辅主；武中多文，可以匡君。文武兼备，可任军事；文武兼阙，不可征伐。

这里引用韩非子的话，我们知道韩非子是法家，他以法家的立场，以法家的观点，认为儒家、道家以及其他各家，对社会人群，都没有贡献，一定要法治的社会才对，所以他有这两句名言，"儒以文乱法,侠以武犯禁。"知识分子,读书人(儒在这里不是专指儒家)学问又好,又会写文章,文章写多了,思想也多了,能言善道,很会辩论,于是以文学知识,扰乱了法令。讲侠义的人,动辄老子拳头大,用武勇把不平的事压平了,所以重武侠的人,专门破坏了法令,因之法家看起来,文武两方面都不对,都是不守法,这也是反文反武的一面之辞。

这里引用几个人的话。曹操说:一个国家,专门依靠武力的,最后弄到自己亡国灭种。看到现代史上,二次大战,当年的德国、日本,都是"恃武者灭"。专门好文的,最后也是亡国,如徐国的偃王,只提倡文化,不注重国防,最后败亡,这是"恃文者亡"。吴起的兵法上所以说,上古时候承桑氏(即穷桑氏)这个国家的皇帝,治理国政,专门讲道德,废弃了武功,结果是亡国,又如夏朝的有扈,则专门讲究武功,好勇,结果也是亡国,因此文武两事不能偏废,高明的领导人,看到了这个道理,就一定以"内修文德,外治武训"八个字作政治的最高原则。军事国防是不能缺少的,文化是国内的政治中心,对外要注重国防,随时准备作战,敌人不敢打进来,自己端恭而作,非常清明,供奉殉国的忠烈;激励人民有尚武的精神,也不损害于仁德。

《钤经》(即《素书》,又名《玉钤经》)上说,文武兼备。不但国家如此,个人也是一样,中外历史上,真正的大将,都是文武兼备,光有武功而不懂文的,只是战将,不是大将。文武兼阙的,也就是文武都不够的,不可征伐,不能做大将。

人与牛的故事

子路拯溺而受牛谢。孔子曰:鲁国必好救人于患也。子贡赎人而不受金于府（鲁国之法，赎人于他国者，受金于府也）。孔子曰：鲁国不复赎人矣。子路受而劝德，子贡让而止善。由此观之，廉有所在而不可公行。——反廉也。匡衡云：孔子曰：能以礼让为国乎？何有？朝廷者，天下之桢干也，公卿大夫相与修礼恭让，则人不争；好仁乐施，则下不暴；上义高节，则人兴行；宽柔惠和，则众相爱。此四者，明王之所以不严而化成也。何者？朝有变色之言，则下有争斗之患；上有自专之士，则下有不让之人；上有克胜之佐，则下有伤害之心；上有好利之臣，则下有盗窃之人，此其本也。

    这与廉洁或贪污有关，廉与不廉，这中间很难分辨，这里就举中国文化的历史故事：孔子的学生子路，有一次救了一个落水的人生命，这个落水的人，是一个独子，他家里非常感谢，谢了他一头牛。子路非常高兴地接受了这头牛，大概杀来炖牛肉给老师吃（一笑）。而孔子对于这件事奖励子路，说子路做得对，这个风气提倡得好，将来鲁国的人，都愿意救人了，救了人有牛肉吃，这样很好嘛！子贡比子路有钱，当然，子贡的个性也不同，依鲁国的法令，当时的奴隶制度，赎人回去，奴主应该收赎金的，可是子贡不收赎金，孔子责备子贡做得不对。这两件事，子路收了别人的红包，孔子说他收得对，提倡好的风气是劝德，而子贡这样做应该也没有错，他谦让嘛，自己有钱，不收人家的钱。可是这样一来，就使别人不敢随便赎人了，所以有时候做好事很难。由这个道理看起来，人应该廉洁，不苟取，一点都不要，这是对的，当然，不可以提倡贪污，不过有些时候，像子贡的不受金于府，也不可以公然做出来，不然就会收到廉而过洁的反效果。

匡衡论政风

汉朝的匡衡（匡衡上疏是历史上有名的故事，匡衡这个年轻的读书人，当时提了好几个报告，指出汉元帝这样不对，那样不对，这要更改，那要更改）就说：孔子说过以礼让治国很难得。孔子所以这样说，是因为中央政府，是天下的中心，对下面的风气，有很重大的影响作用，如果在中央政府中的重要干部，彼此之间都很礼貌，很有风度，影响到下面的社会，就不会彼此纷争；上面的人好仁乐施，下面的人就不会粗暴犯上；上面的人提倡节义，有高度的节操，下面的社会风气，则会跟着好转过来；上面宽厚柔和，下面彼此就有爱心。这四点，就是英明的领导人用不着以威严来下命令，而以自己的行为，使政治风气好转，下面就自然会受到感化。什么理由呢？因为在中央政府中的大臣们，如果意见不同，讲话时吵得脸红，于是影响到下面，就发展为打架了。上面的人如果喜欢独断独行，影响到下面的人一点都不谦让。上面如果有克胜争功的风气，下面的人就会产生伤害别人的心理，上面的人好利，到了下面就变成偷了。这是说上位者的作风，就是政治风气的根本。

更上一层楼的道理

慎子曰：忠未足以救乱代，而适足以重非，何以识其然耶？曰：父有良子而舜放瞽叟，桀有忠臣而过盈天下，然则孝子不生慈父之家（六亲不和有孝慈），而忠臣不生圣君之下（国家昏乱有忠臣）。故明主之使其臣也，忠不得过职，而职不得过官。——反忠也。京房论议,与石显有隙,及京房被黜为魏郡太守,忧惧上书曰:臣弟子姚平谓臣曰:房可谓小忠,未可谓大忠,何者?昔秦时,赵高用事,有正先者,非刺高而死,高威自此成,秦之乱,正先趣之。今臣得出守郡,唯陛下毋使臣当正先之死,为姚平所笑,由此而观之,夫正先之所谓忠,乃促秦祸,忠何益哉?

慎到是战国时一位道家的人物,这里是他论忠的一段话,忠孝过分了就是毛病。他说:任何一个时代,并不希望出一两个特别的忠臣。标榜忠臣固然是对的,但我曾说过,少讲文天祥这班忠臣,听了令人泄气。文天祥并没有错,应该标榜,但是要大家都做文天祥,对吗?文天祥那个时代是没有结果的啊!我们为什么不提倡汉朝、唐朝、宋朝、明朝开国时候的那些大臣呢?我们只是欣赏忠臣,可不想出忠臣的那个时代背景如何?那个背景是很惨痛的。所以慎子说:忠臣并不能救乱世,这个道理在哪里?如尧、舜、禹三代,是了不起的圣人,而舜的父母都很坏,可不能认定这一对老头子、老太婆绝不会生好儿子,他们生了一个圣贤的儿子——舜。尧是圣人,但他的儿子很坏。桀是夏朝最坏的皇帝,他下面有不少忠臣,而他在历史上的过错却是那么大,所以孝子不生慈父之家,家庭好了,父慈子孝,哪里会特别显出孝行来呢?老子说的"六亲不和有孝慈",家庭有了变故的,才显示出孩子的孝行来,我们可不希望家庭有问题。再看国家,岳飞是了不起的忠臣,可是我们并不希望有岳飞那样忠臣的结果。岳飞如果生在好的时代,处在好的领导人,好的同事之间,不过是一个坚贞的大臣而已,老子说"国家昏乱有忠臣",我们只希望有岳飞这样一个坚贞的大臣,可不希望国家昏乱。

一个单位有好干部,也是因为有坏干部比较,才显示出来的。

因此，一个英明的领导人懂了这个道理，他领导部下，要求部下，忠是要忠，可是要在职务范围以内尽忠，不要超过职务范围以外。讲到这里，就得引述历史的例子来作证明了：大家都知道岳飞是忠臣，岳飞的冤枉那还了得，其实秦桧也未尝没有冤枉，虽然岳飞是秦桧害死的，而事实上秦桧也是奉命承旨才这么做的。因为宋高宗已经对岳飞不满，岳飞犯的错误就是忠过职了，第一他的口号，"直捣黄龙，迎回二圣"。试想高宗对这口号是什么味道？直捣黄龙可以，但是要把二圣接回来，高宗这个皇帝还干不干呢？岳飞直捣黄龙就好了，迎不迎二圣，是赵家的家务事，就不必去提了。第二个错误，岳飞在前方当统帅，硬要干涉皇帝的家务事，劝高宗赶快立定太子。岳飞这些建议真是忠，完全是好意，可是超过了他的职权，使高宗受不了。所以忠不得过职，而有所建议也不要超过职权的范围以外，不要干涉到别的事。这是过忠的反面。

京房的故事

接下来再举出历史的故事来引证这道理。我们研究历史，可不是大学里历史系的方向。这里是套了三段。第一是汉朝京房这个人。第二是引用赵高的故事。第三是京房假托学生的话。京房他也是汉朝一个了不起的人。后世研究《易经》的专家，还没有能超过他的。他是易学象数的大师，他博通《易经》，但最后是被害而死的。京房学《易经》的老师是焦赣（延寿），是汉易的大师，也是有前知之能的，京房跟他学《易经》的时候，焦赣就断定了京房这位学生喜欢谈论先知，将来会不得好死的，所谓"先知者不祥"。有些人不想求先知，算命、看相、卜筮这些都是先知，能先知的人都不太好。

石显也是汉朝有名的大臣，他和京房两人在中央政府，政见不同,互相有嫌隙。后来京房垮了,下放出来到外面——魏郡做官,离开中央政府,而石显还在中央。这一下京房害怕了(由这句话,就可知京房的《易经》还没有学通,如果学通了《易经》,对于处功名富贵、患难之间,还会那么忧愁,那么学《易经》还有什么用?这个修养就不够了,表示他的《易经》还是没有真正的学通),就上书给皇帝说,我的学生姚平对我说,我只是对你小忠,还说不上是大忠。他说,这是什么道理呢?以前秦始皇的时候,赵高用事,有一个名叫正先的人,反对赵高,而被赵高杀了,从此赵高在政治上的威慑力建立起来了,而秦二世到后来的乱,也可以说是由正先所促成的。这个话讲得多深刻,换言之,秦二世的时候,赵高想要造成自己的政治势力,被正先看出来了,想在赵高在政治上的力量没有形成的时候,揭发他的阴谋,可是赵高杀了正先,反而促使赵高建立了政治上的权威,而形成了政治的派系。所以秦之乱,实际上等于正先所促成的,而现在我京房,奉你的命令出来做地方官,希望你不要听左右的人乱讲,把我当正先一样杀掉了,那样,我的学生还会笑我(京房这些话说得多窝囊,读历史读到这些地方,不免掩卷一叹,人为什么把做官看得那么重要)。这一段的结语说,由京房所引正先的这个故事看起来,正先揭发了赵高的阴谋,这是对秦始皇的忠了,可是这忠的结果,是自己被杀了,而促成了赵高建立起政治上的党羽和权力。那么愚忠有什么益处,相反的结果更坏。反经就是告诉我们,做任何一件事情,要注意到反面的结果,做人也好,做事也好,尤其是政治上,事先就需要注意到反面的流弊。

庄子的著作权被盗

　　庄子曰:将为胠箧探囊发匮之盗,为之守备,则必摄缄縢,固扃镝。此代俗之所谓智也。然而巨盗至则负匮揭箧，担囊而趋。唯恐缄縢扃镝之不固也，然则向之所谓智者，有不为盗积者乎？——反智也，孙子曰：小敌之坚，大敌之擒也。

上面这段书，是庄子的话，或是鬼谷子的话，很难确定，但早已见于《庄子》外篇。这一章一般人是避免讲的，但是人人都知道。历史上懂得权谋的人，没有不知道的，反派的人知道，正派的人也知道，谁都不肯明说，也不大肯讲授。

《庄子》分"内篇""外篇""杂篇"。"内篇"是讲道，讲修道的。中国的道家很妙，军事学谋略学等，都出在道家。虽然内篇是讲道，连带也说到外用，中国文化所谓"内圣外王"之学，外王就是讲外用，其实这个名词不是儒家的，而是出自《庄子》的观念。我认为中国一般大儒家表面上是讲孔孟之学，实际上骨子里都是道家的思想。外面披了一件孔孟的外衣，但是绝不承认。一般人之不大肯讲授《庄子》，和不愿意讲授《长短经》一样，学的人如果观念弄错了，就可能学得很坏。本身是教人走正路，可是揭开了反的一面给人知道，如现代李宗吾的"厚黑学"，目的是教人不要厚脸皮，不要黑良心，殊不知看了"厚黑学"的人，却学会了厚黑，变成了厚黑的人，那就很糟了。《庄子》这部书也是这样。

这里引用《庄子》的话，但据别本《长短经》资料，是鬼谷子的话。我们先要对这本《长短经》，有一个基本观念，了解它不是注重考据，而偏重于所引用文句的理论内容。也许他确有所见，是鬼谷子的话，也说不定，但在这里我们不想多去考证。其次《庄子》"内篇""外篇""杂篇"中，只有"内篇"真正靠得住是庄子自己的著作，"外篇"就不一定是他的著作，"杂篇"就更靠不住了。但是一般人真正用得着的是"杂篇"。古代的成功人物，多半都熟读它。在"外篇""杂篇"中有许多不是庄子所著。可能是别人写的，至于是不是鬼谷子的，则是一个问题，只有在《长短经》里指出是鬼谷子说的，这段话是中国文化里很有名的一段文章。现在译文已经很多了，它的内容是：

做强盗、小偷、扒手的人，是弄坏人家的皮箱，撬开人家的柜子，或从人家的口袋里偷东西。于是一般人，为了预防这些人来偷窃，有了财物，都妥当地存放好，放在保险箱、衣橱这些地方，还要在外面用绳子捆扎起来，打上死结，或者加上锁，锁得牢牢的，这是大家都想得到，都会这么做的。可是遇到了大强盗的时候，整个皮箱、保险柜都搬走，这时强盗还唯恐箱子、柜子锁得不牢，越锁得牢，对强盗越方便，越有利，免得零零碎碎，太麻烦。那么刚才所说的一般人锁牢捆好的防盗智慧，不是为自己保护是为强盗保护了，这就是聪明智慧的反作用。同样的道理，像有一位我教过五六年的外国学生，现在巴黎大学教书的法国女孩子，最近从法国来看我，问起还教不教外国学生，我笑着告诉她已经关门了，因为怕有一天，我们中国学生，必须去巴黎大学，把中国文化学回来。我们在这里辛辛苦苦整理自己的文化，一旦碰到外国的强盗，连箱子都被他搬去了，就是这个道理。而事实上已经有一些朋友的孩子，到外国去学中国历史、中国文学了。这是就文化方面而言，其他方面很多是这种情形的，譬如政权也是这样。庄子的文章就是这样，他说了正面的，可是马上可以看出反面的东西来。"其所谓圣者，有不为大盗守者乎？"圣人的保存文化，也是为大盗而储蓄的，因此智慧聪明的反面，也非常可怕。所以《孙子兵法》上也说，作战时，敌人的装备越好，对我们越有利，因为一旦把敌人打垮了，装备也拿过来了，那么敌人就变成是替我们装备，所以"小敌之坚，大敌之擒也"。

那么何以知道自己的保护、储蓄，只是为大盗而保护、储蓄呢？历史上有一件事可以证明。

田成子窃齐的故事

其所谓圣者，有不为大盗守者乎？何以知其然耶？昔者齐国，邻邑相望，鸡狗之音相闻，罔罟之所布，耒耨之所刺，方二千余里，阖四境之内，所以立宗庙社稷，治邑屋州闾乡里者，曷尝不法圣人哉？然而田成子一朝弑齐君而盗其国，所盗者岂独其国耶？并与圣智之法而盗之，故田成有乎盗贼之名，而身处尧舜之安，小国不敢非，大国不敢诛，十二代而有齐国，则是不独窃齐国，并与其圣智之法，以守其盗贼之身乎？——反圣法也。昔叔向问齐晏子曰，齐其如何？晏子曰：此季世，吾勿知齐其为陈氏矣！公弃其人而归于陈氏。齐旧四量：豆、区、釜、钟。四升为豆，各自其四，以登于釜，釜十则钟。陈氏三量，皆登一焉，钟乃大矣。以家量贷，而以公收之。山木如市，弗加于山，鱼盐蜃蛤，弗加于海，人三其力，二于公而衣食其一，公聚朽蠹而三老冻馁，国之诸市，屦贱踊贵，人多疾病，而或燠休之，其爱之如父母，归之如流水，欲无获人，将焉避之。

齐是姜太公的后代，最初姜太公帮助周武王，打下了天下，平定中国，周武王分封诸侯，姜太公被封在齐国，现在山东的东部，在那个时候，齐国土地贫瘠，是没有人要的地方，周朝对姜太公的酬劳，只是如此而已。这时姜太公已将近百岁了，只好去就国，但走在半路上不想去了，碰到旅邸的主人，可能是道家的隐士，年龄也很大了，看见姜太公一脸颓废灰心的样子，于是劝姜太公赶快去做事，并且要好好地做，不能有埋怨的心理。就凭了这一句话，姜太公听了心里当然懂，倒霉就倒霉，只有绝对服从，这才去就国。姜太公到了这样穷的地方怎么办呢？于是发明了把海水煮成盐，并且开矿，进行现代所说开发资源的工作，古代盐铁是经济上最主要的物资，齐国靠海，出产渔盐之利，因此后来到了春秋战国时期，齐国成为最富的国家。

现在这里写到春秋末期齐国的富强繁荣，渔业农业发达，地方又大，建立国家的一切政治规章制度，都是依照他们先世的圣人——太公望的做法，一点都不错。可是现在不料出了一个大强盗——田成子，齐国后来就亡在田成子手里，田成子叛变，杀了齐国的皇帝而自称齐王，偷来了齐国这个国家，而田成子所偷的，又岂但是齐国，并且把齐国几百年来好的政治规章制度，都偷过来用上了。所以历史上虽然骂田成子是窃国的强盗，但是田成子却安安稳稳地做了齐王、齐国的大老板。当他有权势在手上的时候，国际上一样地恭维他，一样地承认他了，到底他还传了十二代。由这个例子看，田成子不但偷到了齐国，连齐国历史政治的经验都偷到了。这也就是说：有人讲仁义，把仁义整理得非常好，可是旁边就另外有人，将他所整理的仁义大道偷走了。这是圣人道法的反作用。仁义道德礼智是好，但好东西给了坏的人，反用起来，正好将讲仁义道德礼智的人打倒。

晏子论权

齐国将到末期了，叔向问齐国的名宰相晏子，齐国的前途如何？晏子说，这已经是没落的时代。这里古文称季世，因古文以孟、仲、季来代表大中小或先后次序，而最小或最后的又称叔；古文上的叔世，也就是末世的意思。季世即没落的时代。这里晏子是说，齐国已经到了没落的时代了，走下坡路了，他不晓得齐国的陈家怎么做的。这时陈家是齐国的大家权臣，特权阶级，后来叛变。晏子说，现在齐国的政府对人民不关心，民心都归顺了陈家。以度量衡这件事来说，齐国的量数，原来分为豆、区、釜、钟四级，以四升为一豆，依次逢四进位，到釜的时候，则以十釜为一钟。而陈家居然创出自己的量制来，从豆到釜不用四级而用三级，都加一倍，所以钟的量在观念上更大了，以他以家制放出去，以公家的量制收进来，操纵市场，以致他家的资产发达到山货木材，堆积如山林，海产的囤积，也不比海里的少了，一般人出三分力量，两分归公，只有一分保留自己私有。结果归公家的东西都是坏的。负责公务的三老，却穷到饭都吃不上，整个国家弄到穷的愈穷，富的愈富。普通的鞋子，穷人买不起就削价卖，但昂贵的丝织品，富人抢着要，价钱就更高。一般人都很痛苦，可是大家是盲目的，反而觉得陈家做得很好，所有的人心，都被陈家骗去了，齐国的祸乱，恐怕难以避免。

这里看到经济的关系，社会的关系，与政治关系的重要。齐国虽有晏子这样有才具、有道德的宰相，当经济的力量操在陈家这一权臣的手里以后，也是没有办法，正如《庄子·胠箧》一章中说的，齐国被陈家这一个扒手给扒掉了，而陈家的扒窃方法，是从经济方面下手的。

圣盗同源

跖之徒问于跖曰：盗亦有道乎？跖曰：何适而无有道耶？夫妄意室中之藏，圣也。入先，勇也。出后，义也。知可否，智也。分均，仁也。五者不备而能成大盗者，天下未之有也。

盗跖，是代表强盗土匪坏人的代名词，在古书上常常看到这个名词，并不是专指某人的专有名词，而是广泛的指强盗土匪那一流坏人。我们平常说"盗亦有道"。这句话的由来就出在《庄子》这一段。

　　强盗问他的头目，当强盗也有道吗？强盗头说，当强盗当然有道。天下事情，哪里有没有道的？当强盗要有当强盗的学问，而且学问也很大，首先在妄意——估计某一处有多少财产，要估计得很正确，这就是最高明——圣也。抢劫、偷窃的时候，别人在后面，自己先进去，这是大有勇气——勇也。等到抢劫偷盗成功以后，别人先撤退，而自己最后走，有危险自己担当，这是做强盗头子要具备的本事——义也。判断某处可不可以去抢，什么时候去抢比较有把握，这是大智慧——智也。抢得以后，如《水浒传》上写的：大块分金，大块吃肉，平均分配——仁也。所以做强盗，也要具备有仁义礼智信的标准，哪有那么简单的！像过去大陆上的帮会的黑暗面，就是这样。从另一角度看，那种作风，比一般社会还爽朗得多，说话算话，一句够朋友的话，就行了。所以要仁义礼智信具备，才能做强盗头子，具备了这些条件而做不到强盗头子的或者有，但是没有不具备这五个条件而能做强盗头子的，绝对没有这个道理。

　　这里是引《庄子》的一段话，如果看全篇，是很热闹、很妙的，其中的一段是说到孔子的身上，内容是鲁国的美男子，坐怀不乱的圣人柳下惠，有一个弟弟是强盗头子，孔子便数说柳下惠为什么不感化这个弟弟。柳下惠对孔子说，你老先生别提了，我对他没办法，你也对他没办法。孔子不信，去到柳下惠这位强盗弟弟那里，不料这个强盗弟弟，先是摆起威风对孔子骂了一顿，接下来又说了一大堆道理，最后对孔子说，趁我现在心情还好，不想杀你，你走吧！孔子一声不响走了，因为这强盗头子讲的道理都很对，所以这里引的一段，也是柳下惠的弟弟对孔子说的，而实际上是庄子在讽刺世风的寓言。李宗吾写《厚黑学》的目的也是这样的，所以也可以说庄子是厚黑学的祖师爷。相反地来看，即使做一个强盗头子，都要有仁义礼智信的修养，那么想要创番事业，做一个领导人，乃至一个工商界的领袖，也应该如此。倘使一个人非常自私，利益都归自己，损失都算别人的，则不会成功。

> 后汉末，董卓入朝，将篡位，乃引用名士。范晔论曰：董卓以儳阘为情，遭崩剥之势，故得蹈藉彝伦，毁裂畿服。夫以刳肝斫趾之性，则群生不足以厌其快，然犹折意缙绅，迟疑凌夺，尚有盗窃之道焉。

这里又引用另一个历史故事来作说明了：

在东汉末朝，三国开始的时候，董卓在当时是西凉边疆的一名土匪兼军阀，毫无纪律，但对于权变诡谋，他都懂，当想要把汉献帝的位置拿下来的时候，就知道先礼敬人。当时社会上知名的学者，如蔡邕就是他敬重的人，所以著《后汉书》的范晔，为董卓下结论说，董卓那种野蛮的豺狼之性，又遇到汉朝的政权垮台剥落崩塌的时代，给了他机会，得以蹈藉彝伦，破坏纲常制度，毁坏分裂了中央政府的政权，像董卓这种残酷得能够吃人，刳人肝斫人趾的人，就是杀尽了天下的人，也还不够称心。但是就连这样坏的人，对于名气大的文人学者，却还懂得故意表演谦虚的一套。就在民国初年，如东北早期的军阀卢俊昇，从关外到了北洋政府的时候，把带来的大批人参、皮货，从门房、副官一直到上面的大员，每人一份礼，会议的时候，什么都不懂，轮到他讲话的时候，他只一拱手说："我叫卢俊昇，初次到北京，样样不知道，全靠诸老兄！"可是这个马贩出身的军阀，就这样成功了。董卓的"折意缙绅"也就是这个手段，因此他对于汉朝的政权还想慢慢来凌夺，一点一滴，渐渐抓过手来，把它吞掉。所以不要看董卓是这样粗鲁、好杀人的家伙，他还懂得盗窃之道，怎样去偷别人东西的方法。

例如蔡邕是当时的名士，学问非常好，董卓特别把他捧起来，因此后来董卓失败了，被群众杀死，因人胖脂肪多，被人在肚脐点灯的时候，谁都不敢去收尸。蔡邕是个文人，还是去哭吊，他认为董卓尽管坏，而对自己很好，还是朋友，仍然去吊丧，结果蔡邕也因此被杀了，他的女儿文姬流落到匈奴去，后来才由曹操接她回来。

> 由是观之，善人不得圣人之道不立，盗跖不得圣人之道不行，天下之善人少，而不善人多，则圣人之利天下也少，而害天下也多矣——反仁义也。

由董卓这种人，对于名士学者，都知道笼络运用看来，可知"道"——仁义礼智信这个原则，好人想要成功，需要以它作为依据，坏事想要成功，也不可以违反这个原则。可是天下到底好人少，坏人多，就拿社会学、人类学的观点来看，也是事实，人性坏的多，所以耶稣、释迦牟尼、老子、孔子，才要拼命劝人做好，可也有很多人利用宗教靠宗教吃饭的，就是天下善人少，不善人多的道理。知识学问，本来是想教人走上好的路，可是坏的人多了，如一些大土匪，何尝没有知识学问？坏人知识多了，为害天下的本事也就更大了。作者的这几句结论，说得很中肯、很深刻，也很悲痛。文化学问，真是一把刀，刀的本身不一定是坏东西，刀不一定是杀人的，还可以救人，医生动手术用的又何尝不是刀，而且还非用不可，刀的本身不是问题，问题在于执刀的人，刀是如此，文化、道德、学问也是如此，这是说仁义的反面。

议曰：昔仲由为邵宰，季氏以五月起长沟，当此之时，子路以其私秩粟为浆饭，以饷沟者，孔子闻之，使子贡往覆其饭，击毁其器。子路曰：夫子嫉由之为仁义乎？孔子曰：夫礼！天子爱天下，诸侯爱境内，大夫爱官职，士爱其家，过其所爱，是曰侵官。

再继续讨论这个问题，举出历史事实，说明怎样做法才是正确的：

有一次子路去做邵这个地方的首长，当时鲁国的政权掌握在季家的手里，限五个月以内，开通一条运河。古代人口少，经济没落，季家这个措施，对老百姓来说，太过苛扰了。而子路的行政区内正管到这件事，为了要鼓励大家做工，公家的经费又不够，就自己掏腰包，把自己的薪水贴上，乃至从家里弄粮食来，供给大家吃。孔子听到了这个消息，马上派子贡去，把子路做好给工人吃的饭倒掉，把铁锅打毁。子路的脾气，碰到这情形，火可真大了，跑回来跟老师吵架，对孔子说，你天天教我们做好人好事，教我们行仁义，现在我这样做，你又嫉妒了，又反对我了，还教子贡来捣乱。孔子就说，子路！你不要糊涂，中国的文化、古礼，当了皇帝的人，因为天下都是自己的，便忘记了自己而爱天下，当了诸侯，就爱自己国家以内的人民，当了大夫就只管自己职务以内的事，普通一般人，爱自己的家人，超过了范围，虽然是行仁义，也是侵害了别人的权力，所以你做错了。

从历史上看，一个精明皇帝下面的大臣是很难做的，假如一个大臣，做得很好，做到上下一致爱戴他，拥护他，皇帝只要问他一句话："意欲何为？"这大臣就受不了。就如包拯这样的忠臣，宋仁宗这样高明的皇帝，有一次包拯建议他册立太子，宋仁宗很不高兴地反问一句："你看我哪一个儿子最好？"意思是你姓包的希望我早死,可以把我儿子中和你有交情的一个捧上来,你包某人可以官做大一点揽权不成?包拯懂了他问这句话中的这些含义,所以立刻跪下来脱了帽子对皇帝说,我做臣子的已经六十几岁了,也没有儿子,这个册立太子的建议,不是为了我自己,完全是为了朝廷。宋仁宗这才笑了。当年孔子就是这个道理,看见子路做出超过范围的事情来,为子路着急,赶紧教子贡去把他煮好的饭都倒掉。

另一个历史故事:

> 汉武时,河间献王来朝,造次必于仁义。武帝色然难之,谓曰:汤以七十里,文王以百里,王其勉之。王知其意,归即纵酒。

汉武帝的时候,封在河间的献王,自然也是刘邦的子孙,来朝见汉武帝,穿的衣服很规矩,每一个进退动作,都很得体,很有礼貌,处处都合乎行仁由义的规矩,就自然而然地表现出庄重威严的样子来。汉武帝见了他以后,态度脸色都变得很难看,心里有所疑虑妒忌的味道,于是对河间献王说,汤武当年起来革命,不过是七十里大的地方开始的,文王开始时候的辖区也不过一百里方圆,而你现在管的地方,比他们的幅员还更广大,你好好地干吧。汉武帝这几句话,太严重了,意思是说,你努力吧,像你这样做法,有一天造起反来,一定可以推翻我了,至少将来我死了,也可以打垮我的儿子,由你来当这个皇帝了。我们从这类历史上看来,人类也很可怜,父兄叔侄之间,往往为了权力利害的相争而相杀。以哲学的观点去看人性,人性实在是毫无价值的,骨肉之间感情非常好的,往往出在贫穷的家庭。一到有富贵权力的冲突,兄弟、姊妹、父子之间都发生问题,古今中外都是如此。这在一个哲学家看来,人实在太可怕了,真是六亲不认,比禽兽还不如,没有道理,这就叫做人，人这种动物又有什么意思？由此可见汉武帝的"王其勉之"这句话心理的反映。

河间献王听了汉武帝这句话，懂得他话里的意思，回去以后，就故意吊儿郎当，一天到晚喝酒，听歌跳舞，表示没有野心，以行动告诉汉武帝，你可以放心了。

> 由是言之，夫仁义兼济，必有分乃可。故尸子曰：君臣父子，上下长幼，贵贱亲疏，皆得其分曰理。爱得分曰仁，施得分曰义，虑得分曰智，动得分曰适，言得分曰信，皆得分而后为成人。由是言之，跖徒之仁义非其分矣。

由子路和河间献王这种历史故事来说，要实施仁义爱人，普遍的帮忙别人，爱部下爱团体，也还要知道自己的本分，超出了本分不行。孔子把子路的饭倒了，就是子路的行为超出了本分。孔子这样做，也是对子路无比的慈爱，是爱护学生如自己的儿子一样，因为子路这样一做，他会大得人心，但必然会引起的嫉妒，就非把子路害了不可，这就是教子路不要超过了本分，做人做事就如此之难。所以尸子（尸佼）里就提到，做人的道理，要守本分，这是我们的老话，现在大多数年轻人是不会深入去体会的。什么是本分？做领袖的，做父亲的，做干部的，做儿子的，上下长幼、贵贱亲疏之间，都要守本分，恰到好处。譬如贫穷了，穿衣服就穿得朴素，就是穷人的样子，不可摆阔；有钱的人也不必装穷，所以仁爱要得分，施舍要得分，仗义疏财也要得分，智慧的行为也要得分，讲话也要得分，信也要得分，总而言之，做人做事，要晓得自己的本分，要晓得适可而止，这才算成熟了，否则就是幼稚。由这个道理看起来，虽然上面所说的强盗也讲仁义道德，所谓"盗亦有道"，可是在做人的基础原则上，他是错误的。

这是中国文化，为西方所没有的，到今天为止，不论欧洲或美国，还没有这个文化，专讲做人做事要守本分的"哲学"，能够达到如此深刻的，这些地方就是中国文化的可贵之处。

> 由是言之，夫仁义礼乐，名法刑赏，忠孝贤智之道，文武明察之端，无隐于人，而常存于代，非自昭于尧汤之时，非故逃于桀纣之朝，用得其道则天下理，用失其道而天下乱。

这里作全篇的结论了。他说，由上面反复所说的各点来说，孔孟思想所标榜的仁义礼乐，法家所提倡的名法刑赏，忠孝贤智的行为，文的武的以及侦察谋略等事，每家的思想，每一种法制，都是天地间的真理，永远存在那里，并没有避开人去隐藏起来。尽管时代变了，而真理还是代代都存在的，不能说时代变了，仁义的真理就不存在，就不是真理了。所以并不是说在三代以前，尧舜的时候，仁义道德就自己主动地出来了，也不是说夏桀、商纣的时候，仁义道德就没落了，离开了人类社会。问题还是在领导时代的人物们的运用。我们要注意的，这里只讲用不讲体，每一个学问，每一个思想，每一个政策，每一个办法，运用之妙在于人。如我们桌子上这个茶杯，可以泡茶，固然很好，因喜欢茶而喜欢了茶杯，但同样的杯里也可以盛毒药用来杀人，这茶杯本身没有好坏，在于如何使用这个杯子，是给人喝茶或给人服毒，用得对的就天下太平，用得不对，就天下大乱。懂了这个道理，就知道一切学问，一切思想，在于用得恰当不恰当，同样的思想，同样的学问，用的时间空间不恰当，就变成有害处。

> 孙卿曰：羿之法非亡也，而羿不世出。禹之法犹存也，而夏不代王。故法不能独立，得其人则存，失其人则亡矣。

这里引孙卿的话作最后结论，古代羿的法制、思想、政策并没有错，而这些不错的办法还存在的时候，羿在中年就早死了。禹王治水以后称夏朝，他的文化法制都还存在，但后代也没有了，而制度、办法都还是原来的。问题就在这里，任何法律、思想、体制、政策、主义、法则、本身不能单独存在，靠人去运用，人用得好就存在，用得不好就亡掉。

最后引用《庄子》的一段寓言作论证。

《庄子》曰：宋人有善为不龟手之药者，代以洴澼绕为事。客闻之，请买其方百金，客得之，以说吴王。越人有难，吴王使之将。冬，与越人水战，大败越人，裂地而封。能不龟手一也，或以封，或不免于洴澼绕，则其所用之异。故知制度者，代非无也，在用之而已。

这是在《庄子》里很精彩的，很有名的典故，古代的大政治家或大阴谋家都懂这段故事。《庄子》说：宋国有一家人，有一个祖传秘方，能在冬天里涂在身上，不生冻疮，手上皮肤不会裂开来，所以这家人，凭了这个秘方，世世代代漂布，都不会伤手，因而漂的布又好又快又多。有一个人经过这里，听说这家人有这个秘方，要求以一百金——也许相当于现在一百万美金的价值，购买这个秘方。后来果然以这个大数目，把秘方买来了，然后到南方去游说吴王，吴越地在海边，打仗要练海军作水战，他游说吴王成功，做了吴国的海军司令，替吴国练兵。到了冬天，和越国打仗，吴国的海军涂了他的药，不怕冷，不生冻疮，大败越国，因之立了大功，裂地而封。他就是利用这个百金买来的方子，能够功成名就以至于封王。庄子说，就是这样一个不生冻疮的方子，有的人能够利用它不生冻疮、不裂皮肤这一点而封侯拜将,名留万古。而这一家人却只能用这同一个方子,世世代代替人家漂布。同样一个东西,就看人的聪明智慧,怎样去运用,而得到天壤之别的结果。因此一个人,倒霉了不要怨天尤人,要靠自己的智慧去想办法翻身;所以任何思想,任何制度,不一定可靠,主要在于人的聪明智慧,在于能否善于运用。

苏秦的历史时代

上次讨论了张良,现在自《战国策》上,摘录有关苏秦的一段问题来研究。苏秦与张仪,是中国史上的两个名人,过去称他们为说士或说客,所谓游说之士,意思是说他专门玩嘴巴的。我们今天提出这一篇来研究,是非常有意义的。像现在美国的基辛格(美国国务卿,以"穿梭外交"游说国际间),我们中国人就称他为游说之士,是苏秦、张仪之流。一个书生用他的嘴巴,凭他的脑筋,摆布整个世界的局势,在我们过去的历史上,最知名的就有苏秦、张仪两同学,这是我们都知道的故事。现在我们回转来再研究苏秦、张仪的传记资料,对我们这个时代有很深的启发,许多道理,都可以在这里看出来。

这里就牵涉到历史哲学问题。讲历史哲学,有两个重要观点,一个观点认为人类历史是重演的;一个观点认为人类历史是进化的,不会反复重演的。但这两个观点是可以融会贯通的。历史的现象,事物的变化,并不一定重演。譬如我们现在穿的西装,同古代衣服的式样就不同了;但是大原则,人要穿衣服,则是一样的。我们知道了历史的原则是一样的,所以看到苏秦这一篇,就可以找出很多很多的重点来。

我们如果是作学术的研究，当然，只靠这一篇是不够的。《战国策》是汉代刘向编的，根据历史的资料，集中起来，编辑成书，名为《战国策》。古代所指的"策士"就是专讲谋略学的人。譬如现在我们因为某一事件，向上面提出一个建议，这建议就是"策"。专门以这种计策起家的，就叫"策士"。另外，像宋代因时势的需要，改变了考试制度，应考的文章中，必须增加写一篇策论。这就是看应考人对政治和时事的见解，对国家大事的认识。到清朝末年，提倡废除"八股"的时候，一度又主张考试策论。我们知道宋代苏东坡考中科名的那篇著名的文章，《刑赏忠厚之至论》，讨论司法上判罪的问题，也即是与政治有关的司法问题。现在我们要看的这篇文章摘自《战国策》，就是属于策论这一类的——也可说明《战国策》一书的完成，是刘向当时把战国时代的许多谋略问题，集中起来，编为一书。

从前读书人对于这本书，有两种主张：一种是限制年轻人，不许读这本书。古代的观念，认为读了这本书，容易学坏。所以要先读四书、五经，等读好了以后再读，由正经而懂得如何权变。但是另一个观点，每逢时代乱的时候，便有许多人主张应该多读《战国策》，因为时代乱的时候，需要有头脑的人才，所以读了《战国策》，对事物的观点会不同。但是，研究谋略这一类东西，仅仅是读《战国策》还是不够的，譬如研究苏秦，就得再读司马迁所著《史记》中苏秦等人的传记。但那样还是不够，最好再能了解战国时候，苏秦当时所有的历史情势。

现在，我们仅就《战国策》中"苏秦始将连横"这一篇来研究。所谓"合纵"等于组织一个联合国。当时秦国是一个新兴起来，有强大力量的国家，苏秦就把弱小的国家，联合起来抗秦，用历史的观点来看，苏秦的"合纵"计，也就是这个组织的建议，是很不错的，应该的。但是有一点，我们看了全篇以后，首先要认识一个人的动机，因为苏秦当时的用心，并不是为了天下国家，而是为了个人出风头，这是首先我们必须了解的。

第二点，根据历史的记载研究，苏秦当时是一个读书的年轻人，后世人称他是鬼谷子的学生。关于鬼谷子，又是一个可以用来作专题研究的题材了。历史上究竟有没有鬼谷子这个人，另外待考，如在河南有"鬼谷"这样一个地方，不过古代又称"归谷"，意思是归隐在这个山谷。据说这是道家的人物，有如张良所遇到的黄石公一样，是不是确实有这个人，不知道。就是真有这样一个人，无疑的，学问一定非常好，据说苏秦便是他的学生。今天讲谋略学，所谓拨乱反正的这一套学问，乃至于用在坏的这一方面，捣乱造反的学问，都是出于他——鬼谷子。苏秦当时出来，拿鬼谷子的这套学问，游说诸侯晋见每个国家的领袖，希望取得功名富贵，实行他自己的思想。

第三点要注意的，游说在当时是一种普遍的风气，那个时候还没有建立考试制度，知识分子都靠游说出来做事的。譬如孟子，一天到晚见这个诸侯，见那个诸侯，也是游说。各个诸侯虽然尊重他的学问，可是却不用他。同样的，后来苏秦第一次出来游说，也是完全失败了，没有人听他的。我们看他游说的内容对不对？完全讲的是正道，但是正道当中有歪道。以现代的观念来说，苏秦是偏重在军国主义的思想，主张富国强兵，他举出历史上的实例，只有战争才有办法，才能够强盛，才能够安定。可是秦国并没有接受，这又是什么原因？这就是我们读书要注意的地方。当时的秦国，是秦始皇的祖父辈，天天想统一，想消灭其他大国，可是苏秦主张用兵，又为什么不听从他的意见？这同我们今天的情形一样，为什么基辛格提倡以和谈代替战争，大家都明知道是毒药而还是吃下去？为什么不肯言战？我们读历史，就要懂得这些。懂得历史就懂得现在，懂得现代也就懂得古代。历史并不一定重演，但原则是一样。

第四点，再讲到苏秦个人，第一个游说失败，弄到回家的路费都没有，穿双破砑鞋，拿只破箱子，回到家里来，嫂嫂不给他饭吃，家里的人都看不起他，那种难受，是到了万分。因此苏秦重新发愤读书。所谓悬梁刺股，把头发用绳子捆起来，挂在梁上，身旁放一把锥子，等到夜晚读书打瞌睡时，头一低，头发一扯，醒了。再不行就自己用锥子刺自己的肉，如此鞭策自己用功。据说读的是《太公兵法》，把太公兵法读通了，于是再度出来游说诸侯。这次不再跑到秦国去主张打仗，反而跑到弱小的国家，等于今日世局中，受人侵略、受人宰割的国家，由燕国、赵国开始，组织联合阵线抗秦，不主张打仗，主要目的在使秦国不敢出兵。他把天下大事、人的心理、政治的心理、战争的心理，都摸透了，果然成功了。这一下身佩六国相印，同时当起六个国家的行政院长，印都挂在身上走，随时拿来盖就行了。当时这位联合国的秘书长，还不比现在的联合国秘书长，他是有实权的，只要他说一句话就行了，整体国际局势就受这样一个书生的摆布，安定了二十多年，这又是一个什么道理？为什么他后来主张合纵，大家会团结？这是矛盾的团结，利害关系的团结，不是道义的团结。为什么会这样，也是值得我们研究的，这和现代的情形又是一样。

第五点，到了他个人成功以后，就看出这一班人是只讲手段的，只求如何达到目的。所以中国文化中讲正统文化的，素来对于这些人不大重视，因为他们只以个人为出发点，而孔孟思想是不以个人为出发点。苏秦成功以后，自己知道这套手法只是玩弄玩弄而已，各国君王的头脑不一定都是豆腐渣做的，不会一直听他的摆布，只不过是所拿出来的办法，正投合了时代的需要，都只是手段。他也知道这个手段不会长久，他的另外一招就很厉害了。当有一个强大的敌人存在，大家需要团结起来与它抗衡，这时是做得到。但对秦国封锁了以后，秦国的军国主义不能扩张了，结果苏秦的戏就不能唱了。没有了敌人，怎么还能够玩？

于是他利用机会培养和他学问差不多的好同学张仪，他这培养方法就很高明了。他怎样培养张仪的？他和张仪的感情原来好得很，而且两人约定在先，谁先有办法，谁就帮忙另一人站起来。这时苏秦佩了六国的相印，张仪还穷得很，去找苏秦，心想求取一个秘书、科长的位置，还会有什么问题？苏秦正在办公室接见各国大使，忙碌得很，知道张仪来了，教他在外面小工友的小房子里等候，自己威风得很。到了吃饭的时候，也留张仪吃饭，可是随便打发他在一个角落里吃，自己却和各国贵宾周旋。故意使张仪看见，使张仪难受，用种种方法刺激他，最后告诉张仪目前没有机会，嘱到旅馆等候，也不送点钱去，使他受尽冷落凄凉之苦，然后教一个人对张仪说：你是找苏秦的？同学有什么用？他已经功成名就，不理你了，你的学问也很好，又何必求他呢？用种种方法挑拨，使张仪恨死了苏秦，决心非打倒苏秦不可。到秦国去，你苏秦搞合纵，我就弄一个专门破合纵的计划。实际上，苏秦正需要像张仪这样的人到秦国去，但是他为什么不告诉张仪合作唱对台戏？因为他知道张仪如果不受这样大的刺激，就发不起狠来，如果说明了，反而搞不好，必须要培养出他如此怨恨的气愤，硬是要立志做破坏的计划，两人才有戏唱。所以后来张仪连横的计划成功了，苏秦派去挑拨张仪到秦国去，始终"卧底"的人，这时才把真相说出来。实际上张仪到秦国的路费还是苏秦奉送的，一切都是苏秦安排的。所以张仪说，我还是没有跳出这位老同学的手心。并且决定苏秦还在的一天，秦国就一天不出兵，等苏秦死了再打。战国末期，就被这样两个书生摆来摆去，摆布了相当长一个时期。现在我们用人才，除了有才具，有学问，有思想，还非要有道德做基础不可，没有真正的道德做基础，则好头脑是很可怕的。这是第五个重点。

第六个重点，附带谈到有名的故事，当苏秦第一度游说失败，穷了回家的时候,嫂嫂都不给他吃饭,冷饭都不剩一点,父母兄弟都看不起他。到后来身佩六国相印,要到楚国去的时候,经过自己家乡,他的嫂嫂以及全家人都跪下来迎接,那种恭维真是不得了的,这时苏秦问他的嫂嫂:"何前倨而后卑也?"这个话也只有苏秦才说得出口。老实说,在中国讲究道德修养的人,不会讲这样的话,他却会爽直痛快当面问他嫂嫂。人性本来也就是这样,可说他问得很直爽,还不算顶坏的,还没有故意整她。而嫂嫂答复的话也很简单明了,她说:"以季子之位尊而多金也。"这是人情之常。古今中外,人类社会,就是这么一回事。那个时代,哪个时代不讲现实?从这里又可认识人情世故。

第七点,苏秦是怎样死的?善有善报,恶有恶报,他不得好死,最后到了齐国的时候,有人行刺,把他杀死了。他所以到齐国去,是因为在燕国出了私生活方面的绯色故事,和燕王的皇太后发生了关系,被燕王知道了,苏秦知道靠不住了,很危险。于是说动燕王,要到齐国去才对燕国有利,燕王明知道是怎么一回事,但也只有这个办法送他走最妥当,就让他去了。结果,齐国的大臣找人行刺他,苏秦身负重伤,没有立即死去。而齐王赏识他,大为震怒,下令全国抓凶手,可是抓不到。苏秦在临死以前,告诉齐王,只要宣布一下苏秦是个坏蛋,是为燕国来做间谍的,被杀死以后,齐国可以安定,这样宣布就可抓到凶手。苏秦说完这些话就死了。齐王果然照苏秦的话宣布,而行刺的凶手出来了,于是齐王把凶手抓来杀了。苏秦临死了,还会动脑筋,借人家的手替自己报仇,这就是搞谋略的人头脑的厉害。

这是随便举出来的七个重点,事实上我们要看的第一篇当中,并不止这七点,还有很多重点,仔细去研究起来,对于古代战争地理的观念、社会发展的观念、经济问题的观念、军事问题的观念,等等,都足以发人深省。这就是读书不要被书骗去了,仅了解文字,就不是真读书，我们读书是要吸收历史所告诉我们的经验，由这经验了解很多很多的事，尤其对于今日我们国家所处的这个世界局面，会有更深入的了解。所以我上几次都建议大家，多读《战国策》《国语》，不要以为这些是老东西没有用，实际上这些书非常有用。

远见抵不住现实的短视

下面就原文文字，作一下重点解说：

> 苏秦始将连横，说秦惠王曰："大王之国，西有巴蜀、汉中之利，北有胡貉、代马之用，南有巫山、黔中之限，东有崤、函之固，田肥美，民殷富，战车万乘，奋击百万，沃野千里，蓄积饶多，地势形便，此所谓天府，天下之雄国也。以大王之贤，士民之众，车骑之用，兵法之教，可以并诸侯，吞天下，称帝而治。愿大王少留意，臣请奏其效！"

苏秦说秦惠王，一开始，就指出秦国西、北、南、东四边的疆界，边防的形势。不要以为这是古代的地理，大家还是要注意。虽然交通情形古今不同，但地理形势是不会变的。他继续又说到地理与经济的关系，一直到"天下之雄国也"。这是说明当时秦国的首都，在现代的陕西西安一带。我们要注意，那时的陕西又不比现代，经济的条件、地理的条件、政治的条件，都非常重要。最奇怪的是，我们研究中国战史，历史上的大战争，几乎每次都是从秦晋这边向东南打下来的，所谓建瓴而下，中国的地势就是这样，如同屋顶上倒水，一直倾下来，几乎任何一次大的战争都是如此，如果从这一方面去研究，牵涉到的战史就太多了。比较特殊一点的，只有元朝稍稍有所不同，蒙古也是由西北高原，但不一直东下，先进川藏的边境，囊括巴蜀、汉中，另由川、藏，席卷云南，而经岭南、两广，北上会师湖南、湖北。同时再另由北方出兵，两边向中原一抱，钳形的夹持，就把中原抱去了。只有这一次用的战略，与历代的战略不同。这是一大重点。

自"以大王之贤"到"愿大王少留意"这一段，要注意的是，战国时的秦国，想并吞各国，统一天下，并不是秦始皇开始的，秦始皇的祖先早就有这个企图，尤其是苏秦对秦惠王说的这段话，就是要他统一天下，并且把秦国的地理条件、经济条件、人才、军备等优越的地方都说出来了。

苏秦受到反教育

我们现在注意秦惠王答复苏秦：

秦王曰："寡人闻之，毛羽不丰满者，不可以高飞；文章不成者，不可以诛罚；道德不厚者，不可以使民；政教不顺者，不可以烦大臣。今先生俨然不远千里而庭教之，愿以异日！"

他没有接受苏秦的意见。但不接受有他的几点理由：一、如同鸟一样，羽毛还没有长丰满，是不可以学飞的。个人做人如此，国家大事也如此，没有准备好，飞不起来的。二、"文章不成者，不可以诛罚。"这个"文章"不是现代在报纸、刊物上写的文章，这里的意思是政治文明，包括社会的安定，政治的清明，在古人说是"大文章"。用现代话说，是政治文化的基础还没有稳固，不能随便诛伐别人，征伐别人。三、"道德不厚者，不可以使民。"秦惠王所讲的这个"道德",并不是四书五经上所讲的道德。在古代,道德是一个政治名称,意思是声望、威望。国家在一般人民,还不能信服的时候,就无法指挥人。四、"政教不顺者,不可以烦大臣。"内政还没有做到很平顺、很安定时,就不可以因出兵而劳烦大臣,劳烦国家的重要干部。

秦惠王举出了这四点。以现代的观念看,他是说,据我所知,准备不够,不能轻举妄动。自己在国际政治上的声望不够,无法去征伐别个国家。国内的威望不够,就不能支使老百姓。内政上还没有达到最高的修明境界,也不能加重大臣们的职责。所以秦惠王对苏秦很客气地说,承蒙你看得起我,那么远跑来看我,而"庭教之"(苏秦不是秦国人,他是当时中央政府所在地的东周洛阳人,因此说"庭教之"——到我这里来指导我,假如有朋友来家里看自己,我们写信也可写"蒙枉顾而庭教之")。接着说:"愿以异日",以后再讲,轻轻四个字,把苏秦赶跑了。

药不对症的言论

可是苏秦并不死心,还是提出他的见解来,这是他最初的思想,然这时的苏秦还不成熟,可是已经很会说话。

苏秦曰:"臣固疑大王之不能用也。昔者神农伐补遂,黄帝伐涿鹿而禽蚩尤,尧伐驩兜,舜伐三苗,禹伐共工,汤伐有夏,文王伐崇,武王伐纣,齐桓任战而伯天下,由此观之,恶有不战者乎?"

他一开始就说"臣固疑大王之不能用也。"——我早想到你不会采用我的意思。他被拒了,还赖在那里,接着他就举出历史上许多的故事来。为了充实自己理论的内容,他引用了许多上古史,而这些历史,都证明天下是打来的。由黄帝开始,一次战争胜利,就成功了,乃至最后由王道谈到霸道,例引"齐桓公任战而伯天下",靠战争称霸,领导了天下。然后说,有历史的证据在这里,没有一个国家不是靠战争而统一天下的,这就是苏秦的主张,以现代的另一角度来看,这就是黩武精神、侵略主义或好战思想,没有实力的强权就不会成功的。苏秦继续又说:

"古者使车毂击驰,言语相结,天下为一,约从连横,兵革不藏,文士并饬,诸侯乱惑,万端俱起,不可胜理,科条既备,民多伪态,书策稠浊,百姓不足,上下相愁,民无所聊,明言章理,兵甲愈起,辩言伟服,战攻不息,繁称文辞,天下不治,舌弊耳聋,不见成功,行义约信,天下不亲;于是乃废文任武,厚养死士,缀甲厉兵,效胜与战场。"

这一段文字,四个字一句,后来就演变成中国一种文体——骈体文——四六句,几千年来一直都用这种文体,简单明了,而包括的内容又很多。每句里都有很多的东西。试从这段中随便抽出一句来看,例如"舌弊耳聋,不见成功"这八个字,就是今天美国基辛格这一套的政策,嘴里叫和平,你基辛格叫死了都没得用。所以我们多看自己的历史,现代的这些事情在过去的历史都有过了,道理很清楚,所以苏秦说,到了后来"废文任武",光靠文化的政治,在国际间做不到,没有办法,只好靠战争来解决问题,于是"厚养死士",培养敢死的人。

接着这几句话要注意。

> "夫徒处而致利，安坐而广地，虽古五帝、三王、五伯、明主贤君，常欲坐而致之，其势不能，故以战续之；宽则两军相攻，迫则杖戟相撞，然后可建大功。是故兵胜于外，义强于内，威立于上，民服于下。"

他说只是讲理论没得用，非战争不可，为什么？任何人都想坐在家里利益就来了，不打仗而领土越来越扩充，乃至古代的三皇、五帝、五伯以及所有的明主贤君，都希望能够做到这样，不经打仗，只要内政修明，就有人来投降。但这只是理想，用道德的政治来感化人，是不可能的事情，最后不得已，都是用战争。

下面是苏秦所提的重点。这个重点对不对呢？说句老实话，任何一个时代，任何一个国家，任何一个历史，都是如此，只是表面上不讲出兵而已。任何一个和平，没有一个坚强的武力在后面支持，都站不住的。所以讲军事哲学思想，苏秦的话就是：和平只有在强有力的情形下才能谈的，否则谈不到。这就是他的"宽则两军相攻"到"民服于下"一段话中的"兵胜于外，义强于内"八个字。一个国家，对外有强有力的武力支持，对内再讲求内政的修明，这时你讲道德，人家就都听你的了；如果对外的兵力不强，再讲道德也没有用。

> "今欲并天下，凌万乘，诎敌国，制海内，子元元，臣诸侯，非兵不可。今之嗣主，忽于至道，皆惛于教，乱于治，迷于言，惑于语，沉于辩，溺于辞，以此论之，王固不能行也。"

最后，苏秦在这里刺激秦惠王，等于在骂他。苏秦说，根据这些历史的经验，任何国家，想统一天下都非兵不可。苏秦当然不好意思直接骂秦惠王，他说现在一般国家的嗣主们，都不懂这些大道理，都在那里昏、乱、迷、惑，沉溺在言语辩论上，空谈理论，所以推论起来，我看你秦惠王也是做不到的。意思是说秦惠王也和他们一样的草包。

　　苏秦开始出来，游说秦惠王十次，骂也好，捧也好，终归此路不通。结果都失败了，老实说，这个时候苏秦的主张对不对？没有一点是错的，但是高明不高明？很笨！因为秦惠王答复他的话已经讲到底了。意思是说，你这些道理我秦惠王全知道，但时机还没有成熟，还不到时候就不能打。所以苏秦这时到底还是一个书生。从这里我们又想到汉文帝时候的贾谊，他的一篇文章《过秦论》，大家应该都念过的，内容是讲汉初中国的地理环境，与政治、军事都有关系。他为什么写这篇文章，那时正是汉文帝时代政治最安定的时候，贾谊是一个二十多岁的年轻人，学问很好，很有眼光，他已经看到天下将要乱了，汉文帝拟的几个政策有问题。他的看法并没有错，很对的，所以他向汉文帝提出这个建议，汉文帝也很服他。但后来贾谊还是不得志，死于湖南的长沙，所以后人又称他为贾长沙。历代的文人知识分子不得意，都用贾谊来比拟，尤其李商隐咏他的诗："宣室求贤访逐臣，贾生才调更无伦。可怜夜半虚前席，不问苍生问鬼神。"是贾谊提出建议以后，文帝夜半起来忽然想到贾谊，就召见他，还特别在前面摆好一个位置等他来，表示看重他。可是当两人面对面谈话时，汉文帝却只问他人死后究竟有没有灵魂的问题，所以后来历代的文人都为贾谊叫屈，这首诗最后两句就是对汉文帝不满的，对一个这样大的才人，"可怜夜半虚前席，不问苍生问鬼神。"半夜里把他找来，这样尊重他，却不问天下国家大事，反而讨论宗教哲学的问题了。多可怜！其实这首诗也是书呆子的话，汉文帝不跟他谈鬼神又能谈什么？贾谊的这些意见汉文帝早就知道了。汉文帝的心里是认为你这个年轻的书生，意见完全对，可是时机还没有到！贾谊的智慧到底不行，眼光还不够。所以李商隐替他抱冤屈，还是书生之见。我的看法，汉文帝对他不问鬼神又能问什么？

汉文帝不能对他说时机还没有成熟啊!

人情千古重多金

上面所提出来当时的时代趋势,有许多大原则,是和今日的国际局势差不多,甚至可以说完全相同。只是社会的形态、政治的形态,以及其结构不同而已。现在说到苏秦本人。

> 说秦王书十上而说不行,黑貂之裘弊,黄金百斤尽,资用乏绝,去秦而归,羸縢履蹻,负书担囊,形容枯槁,面目犁黑,状有归色。归至家,妻不下纴,嫂不为炊,父母不与言。苏秦喟叹曰:"妻不以我为夫,嫂不以我为叔,父母不以我为子,是皆秦之罪也!"乃夜发书,陈箧数十,得太公《阴符》之谋,伏而诵之,简练以为揣摩。读书欲睡,引锥自刺其股,血流至足。曰:"安有说人主,不能出其金玉锦绣,取卿相之尊者乎?"

在"书十上而说不行",路子走不通的时候,就很可怜了,原来特制的最名贵黑貂皮的衣服穿破了,钱也用光了,行李袋子破了,鞋子也买不起,只好穿草鞋,自己挑了担子,脸色难看得很,又黑又瘦,营养不良所致,只好回家了。回到家里的时候,太太看见他这副样子,不理他,正在织布做工,也不放下来,照样做她的工,嫂嫂不给他做饭,父母也不和他讲话。这里就看到了人情。由这里我们也看到千古以来一般人情,苏秦遭遇到这种情形,只有感叹自己错了。

于是这一下发愤读书,漏夜把所有的书拿出来。"陈箧数十",他的藏书还是很多的,不比现代,古代还有那么多书,可见平常很用功。那时的书是很难得到的,"箧"并不是书箱书柜,古代的书刻在竹片上,就叫书箧,堆起来很多的。他在很多的书里,找到"太公阴符之谋",就是古代的《阴符经》,是不是现代的这本《阴符经》,或另有原本,就很难说,据说他读的是阴符兵法。他"伏而诵之,简练以为揣摩"。这两句话是重点,这个"伏"并不是说他跪下来读,是呆在家里不出去,正如上海话"孵豆芽"的意思,就是躲在家里,连人都不敢见,专门研究学问。"简练"二字,"简"就是选,选书中的重点,"练"是熟练,再把选出来的重点搞熟。"揣摩"就是思想、研究等的综合,揣是用手比算,摩是摸摸看。思想上的揣摩就是研究人家的心理,研究当时国际间的形势,研究每一国领导人心理上需要的是什么。他在这段用功的期间,连睡都没有好好睡,打瞌睡的时候,用锥子刺痛自己,刺到血都流出来,一直由大腿流到脚上。他这样足足用了一年的功,自己有了信心以后,于是他说:"安有说人主不能出其金玉锦绣,取卿相之尊者乎?"这两句话是很重要的一个重点,我们要特别注意,他有了信心了,并没有为国家、天下、人类、社会着想,只求他个人的成功。他说只要找到一个老板,一定可以把这老板口袋里的宝贝、黄金、美钞都装到自己的口袋里来,不但可以拿到钱,还有当宰相的绝对把握。他自认为一定可以做当政的人,成为政治上的权要,所以他又出门了。

　　期年,揣摩成,曰:"此真可以说当世之君矣。"于是,乃摩燕乌集阙,见说赵王于华屋之下,抵掌而谈。赵王大悦,封为武安君,受相印;革车百乘,锦绣千纯,白璧百双,黄金万镒,以随其后,约从散横,以抑强秦,故苏秦相于赵而关不通。当此之时,天下之大,万民之众,王侯之威,谋臣之权,皆欲决苏秦之策。不费斗粮,未烦一兵,未战一士,未绝一弦,未折一矢,诸侯相亲,贤于兄弟。

雏燕初飞

这次苏秦不再到秦国去了,而先到北方,这些都是弱小的国家。他先到燕国,说动了燕国的诸侯,认为他的办法好,给了他资本,要他去组织"联合国"。他就来到赵国了,在赵王建筑得非常漂亮的大办公室里,和赵王拉着手讲悄悄话,讲的一些什么内容,须看《战国策》的《赵策》,不过读中国古书要了解,他所讲的虽然记载下来给后人学习,也不一定是光明正大的好主意,都是讲利害关系,属于当时的阴谋,所以悄悄的。赵王听了以后,大为高兴,马上封他为武安君,等于现在的上将军、特任官。这个时候,他一下子阔起来了。受了相印,后面带着从人,等于一个特别办公室的机构,"联合国"的秘书长还没有当上,派头先有了。他出去时,后面跟着的车子有一百辆。至于锦绣千纯,并不是穿的衣服,在那个时代,布匹和钱币同样是钱,都当作货币用。他后面带了很多钱,还有白璧百双和黄金万镒,都跟在他的后面。这时他有了政治资本,才开始组织"联合国",提倡抗秦。

下面"苏秦相于赵"到"贤于兄弟"一段:就是说苏秦这时做到赵国的首相而兼办外交,就马上与秦国断绝了外交关系,和那么强的秦国,不但外交上断绝关系,经济上工商业都不通往来了。这是他与赵王"抵掌而谈"时,不晓得出了些什么主意,后世的人无法知道。后来他的"联合国"一组成,苏秦威风之大,大到除了秦国之外,六国诸侯所辖那么大的天下,那么多的群众,每个国家的诸侯,以及"参谋长""秘书长"什么文官武将等谋臣勇士,全部都听命于他一个人,靠他一句话作决定。那种权势,威风之大,不可想象,如拿今天的基辛格来比,基辛格还不及他万分之一呢!而且这个时候，国际上没有办法停止战争，可是苏秦做到了连一根箭都没有用过，而国际上诸侯之间，就能互相合作，贤于兄弟，大家互相团结，这是苏秦的成功。

> 夫贤人在而天下服，一人用而天下从。故曰："式于政，不式于勇；式于廊庙之内，不式于四境之外。"当秦之隆，黄金万镒为用，转毂连骑，炫熿于道，山东之国，从风而服，使赵大重。

于是写这篇文章的人结论说，由这一段历史，就看出人才的重要，有才干的贤者得其位，天下就服了。只要这一人施展所长，天下的人不问思想、观念各方面，都跟他走，所以古话说："式于政，不式于勇；式于廊庙之内，不式于四境之外。"这个"式"就是标准，也就是中心。一个中心在于政治——包括内政、外交、经济、军事、社会、教育等广义的政治。光靠武力没有用，要好的政治策略，"式于廊庙之内"——廊庙过去指君主上朝的朝廷，比之现代，是中央最高决策的所在。只要有好的政策、好的人才，就能转危为安，就像苏秦威风的时候，六国的经济都由他支配，各国之间的关系如此密切，不但外交上如此，还有工商上的往来，在太行山脉以东的各个国家的诸侯，听到消息就跟着来归服了，使赵国在当时国际上，立即变成最有声望，最有地位的盟主国。

反复波澜的人世

下面讲到苏秦个人，这也是大家要研究的，关于个人的人生与国家社会的关系。

> 且夫苏秦特穷巷掘门、桑户卷枢之士耳,伏轼樽衔,横历天下,廷说诸侯之王,杜左右之口,天下莫之能伉。将说楚王,路过洛阳,父母闻之,清宫除道,张乐设宴,郊迎三十里;妻侧目而视,倾耳而听;嫂蛇行匍伏,四拜自跪而谢。苏秦曰:"嫂何前倨而后卑也?"嫂曰:"以季子之位尊而多金。"苏秦曰:"嗟乎!贫穷则父母不子,富贵则亲戚畏惧,人生世人,势位富贵,盖可忽乎哉!"
>
> 《战国策》

这里说苏秦这个人,不过是贫民窟里出身的,家里穷得很,小门小户,好比贫民窟里违章建筑穷家的子弟而已,结果坐那么豪华的车子,威风凛凛,国际间随意走动,同每个国家的元首见面,在各个朝廷中,高谈阔论,使各国元首身边最受器重、最得宠的人,在他面前都闭着嘴不敢乱讲话,只有听命的分,天下人没有办法和他对抗。他就是靠头脑,靠嘴巴干出来的。这里就要注意了,推开军事哲学来说,任何历史,任何时代,战争的背后还是思想;权力的背后也是思想,政治的背后仍然是思想,不过许多思想家,虽然影响了整个时代,乃至影响后世千秋万载,在他本人当时是很可怜的。比如孔子、孟子以及古今中外很多人都是如此,这些人都是走正路的大思想家。而苏秦、张仪这类搞思想的人,就讲现实,他们对国家、民族、人类、社会这些大经大节都不考虑,完全个人英雄主义,自我主义,做到"天下莫之能伉"就是他们的目的。

后来苏秦要到南方一个新兴的国家楚国去,经过他的故乡洛阳,家里人这时对他的待遇,和他第一次游说秦王失败回来,连父母都不理他的情形,成了一个强烈的对比。这时父母听到他来了,赶紧雇人来粉刷房子,路都打扫干净,准备了音乐、宴席,而且到三十里以外去郊迎。太太不敢正眼看他,只有低下头,侧过脸,偷偷地瞄他一眼，苏秦讲的话，还要凑过耳朵仔细听，就怕听错了。嫂嫂更严重了，跪在地上爬过去，自己先跪下来道歉。岂止苏秦？汉高祖也是如此，当亭长的时候，又喝酒，又乱来。回家时嫂嫂也不给他做饭，要他吃冷饭去。这就是人生。

所以有的人读了这些书，觉得自己要奋斗，要争气，这是一种看法。如果讲修养的，如孔、孟的道德观念，就觉得苏秦的嫂嫂、太太这一类型的人太多太多，只是很值得怜悯，但一点也不会动气，而觉得人原来是如此可怜的一种动物，于是去感化这种人，教他们以后不要这样想，不要这样做，这就是道德的思想。相反的，就是不道德的思想，也是苏秦他们这一条路，不过苏秦还算好，他并没有报复，只是幽默一下，讽刺他嫂嫂一句而已。历史上报复的人很多，如宋朝第一位宰相赵普，胸襟就非常狭隘，度量不够大，他当了宰相，对以前对不起他的人都要报复，还是宋太祖劝他说："风尘中能识天子、宰相，则人皆可物色矣。"所以宋太祖还是了不起。赵普也还算好的，历史上有很多报复得很惨的例子。所以说苏秦算是好的，不过问他嫂嫂，上次我回来，你高高在上，现在你又跪下来干什么？如果以儒家的道理来说，苏秦就不讲这句话，儒家的做法，是不和这样的人计较。像苏秦这样做法，也是为儒家所不齿的。如历史上三国时有名的管宁与华歆的故事，他们原来是很要好的同学，有一次两人同在一起挖地，管宁挖到一块黄金，看都不看一眼，华歆拿起来看看，想了一下，还是把黄金丢掉了，从此管宁就看不起华歆，断定他将来一定有问题，而不相往来。后来华歆当了曹丕的大臣，也等于是一人之下万人之上，那么大的权贵，而管宁就盖了一个楼房，搬到楼上去住，因为他不愿意立脚在华歆所管的土地上，而一辈子不下楼。这就是儒家的另一种做法。假使苏秦讲这句话时，有一个管宁在旁边听了，就马上走开，不理他了，不必说六国宰相，即使当万国宰相，他也不会理的。可是苏秦的嫂嫂答道：你现在地位高了，又有钱，当然不比从前了。那么苏秦听了，不免有所感慨：人在这个世界上，势力、地位、金钱、富贵，这些都不能马虎的啊！不过，要知道一个人，在某一时期，财富名位权势，一点也没有用。真看通这点，才知道如何是人。

这是不能效法的，我曾再三说过，这是属于谋略之学，所以中国古代读书人，对这种书的看法是"不足为训"四个字的评语，不能拿来效法的，不过要懂得。如孔子、孟子何尝不懂这些，当然懂得，但是讲道德，则如孔子赞赏颜回的，宁可抱道穷死，绝对不走偏路；再如子贡，像苏秦这一套本领他都有，而且他也做了，游说过列国，也成功，可是子贡走的是正路，在国际上摆布了那么大的局面，而自己什么都不要，只是为了救自己的父母之邦，才不得不如此一用而已。

这里我们对历史的了解，关于个人的也好，关于国家的大事也好，应该多方面比较，才能有深刻的见识，和正大的抉择。

人才与时代历史

我们现在姑且以人作中心来讲，上次讲了苏秦，这次说到张仪。

为什么要说这两个人？要了解自己国家历史文化的演变，尤其是在一个世界变乱的动荡时代，对于权谋之术，不能不有所了解。过去大家都念过这一类的书，也许因为各人生活的经验不同，而体认的程度也有深浅不同。这几十年来，大家都有许多经历，以这许多不同的经历，来看历史上的事迹，再看世界的大势，观点就不同，因此读历史的观点也不同了。

我们都知道苏秦、张仪是战国时期的人。不过以他们个人做中心，而研究整个历史，特别要注意的是：中国文化，由周朝开始行礼乐道德的政治制度，礼乐道德的政治哲学思想，到了春秋以后，非变不可。这并不一定是由于某一个人或几个人的败坏而演变，而是时势所趋，非变不可。就像我们常说的一句最幽默的，也是最有意义的话："无可奈何，只好如此。"有些人对于环境和事务是这样，时代的趋势也是这样。任何一个时代潮流，趋势来了的时候，就"无可奈何，只好如此"。由春秋到战国，就是这样一个情形，这是第一点我们要了解的。

其次，周朝礼乐道德的政治制度与政治思想，是所谓王道政治。到了春秋时代，就成了霸道政治，所谓"霸道"一词，并不是现代"不讲理就是霸道"的意思，当时的霸道并不是不讲理，仍旧非常讲理。以现代观念而言，国际之间的领导权，以武国或财力而称尊的，称之为霸或伯。不走礼乐道德政治的路线，走的是利害关系的路线。当然在利害关系当中，仍然还有他的道德标准，这就是霸道政治的时代。到了战国时代，也称霸道，但已经是霸道的末流了。这时的霸道，到达了并吞，也就是侵略的阶段。这个时候，一个国家所需要的是强。到了这个阶段，天下所需要的，就不是分封诸侯的封建制度，而需要统一天下为一个国家，过去宗法社会的封建是要改变了。当时各国之间，可能统一天下的，最有优势的是秦国，另外还有南方一个新兴的楚国，但楚国始终无法与秦国抗衡。至于太行山以东，黄河南北的这些国家，太老大了，内政也太衰败了，始终处于听人宰割的状态。

牵涉到商鞅

研究历史，战国时的齐国、楚国，乃至韩、魏，并不是不可为，但又为什么弄到如此，只能听秦国的摆布？归结下来，不外是人才的问题。

好了，到此我们可以得到一个结论，不但是中国的历史文化，即使世界的历史文化也是如此：决定仍是在人才。就是现代的历史，我们看《第二次世界大战秘史》这部纪录片以后，也深深感到人才是决定性的关键。任何思想，任何精良的制度，都要靠人才的创造和人才的推行。当时秦国所以能够在一百年内兴盛起来，就决定在几个人身上。苏秦、张仪以前，秦国在政治基础上，有一次很好的改革，就是用了法家商鞅的决策，提倡法治，即所谓商鞅变法。商鞅这一次在政治上所做的改变，不止是影响了秦国后代的秦始皇，甚至影响了后世三千年来的中国，这又是一个大问题。

商鞅当时改变政治的"法治"主张，第一项是针对周代的公产制度（有人说周代这个制度，就是社会主义，也就是共产主义，这种做法，是硬作比方，似是而非的）。商鞅在秦国的变法，首先是经济思想改变，主张财产私有。因为财产公有以后，人就懒惰了，不肯努力。人都是自私的，为了自己的利益才肯去努力，如果为大家做，做的成果大家都有份，那自己又何必那么卖力？这是人类基本的自私心理。由商鞅变法，建立了私有财产制度以后，秦国一下子就富强起来了。但商鞅开始变法的时候，遭遇打击很大，关键就在四个字："民曰不便"，这一点大家千万注意，这就讲到群众心理、政治心理与社会心理。大家更要了解，人类的社会非常奇怪，习惯很难改，当商鞅改变政治制度，在经济上变成私有财产，社会的形态，变成相似于我们现在用的邻里保甲的管理，社会组织非常严密，可是这个划时代的改变，开始的时候，"民曰不便"，老百姓统统反对，理由是不习惯。可是商鞅毕竟把秦国富强起来了。他自己失败了，是因为他个人的学问修养、道德确有问题，以致后来被五马分尸。这等到有机会研究到他的时候再说。可是他的变法真正成功了，中国后世的政治路线，一直没有脱离他的范围。

由商鞅一直到西汉末年，这中间经过四百年左右，到了王莽，他想恢复郡县制度，把私有财产制度恢复到周朝的公有财产。王莽的失败，又是在"民曰不便"。王莽下来，再经过七八百年，到了宋朝王安石变法，尽管我们后世如何捧他，在他当时，并没有成功。王安石本人无可批评，道德、学问样样都好，他的政治思想精神，后世永远流传下来，而当时失败，也是因为"民曰不便"。我们读历史，这四个字很容易一下读过去了，所以我们看书碰到这种地方，要把书本摆下来，宁静地多想想，加以研究。这"不便"两个字，往往毁了一个时代，毁了一个国家，也毁了个人。以一件小事来比喻，这是旧的事实，新的名词，所谓"代沟"，就是年轻一代新的思想来了，"老人曰不便"。就是不习惯，实在"便"不了。这往往是牵涉政治、社会型态很大的。一个伟大的政治家，对于这种心理完全懂，于是就产生了"突变"与"渐变"的选择问题。渐变是温和的，突变是急进的。对于一个社会环境，或者团体，用哪一个方式来改变比较方便而容易接受，慢慢改变他的"不便"而为"便"的，就要靠自己的智慧。这也是讲苏秦、张仪这两个人的事迹，所应注意到的。

外才与内用

说到张仪、苏秦两个人，游说的目标，开始都是对秦国。秦国在秦始皇以前，历史政治的基础之所以打好，都借重于外来的人才。商鞅，卫国人，外来的；百里奚，虞国人，外来的；张仪这些外来的人物，还是后期的。为什么这些人，不能为自己的国家所用，反而都去替秦国效力呢？这中间的问题也很大，这里暂不分析，大家自己去研究它的原因吧！还有一个观念要很注意的，读古书固然要吸收历史的经验,但是不要被古人牵着鼻子走,尤其今天求学问,对今天的时事要格外留意,千万要把握住今古无分别的原则。当年的秦国,可以把它比作现在的美国,也可以比作苏联。但是不要忘记,秦国的坏处可比敌人,但秦国的好处也可以比作我们自己,这是没有固定的,我们怎样去运用这个法则,是在于人的智慧。

张仪之所以在秦国一说就通了,原因是秦国在当时所需要的,并不是什么文化思想。谁有办法使秦国强大,永远的强大,而且盖世的强大,就请谁。这是在当时的必然趋势,并不是说秦始皇的祖先们,毫无道德礼乐政治的思想,而是时代的趋势,需要如此。

张仪的故事

再看张仪的个人,要看《史记·张仪列传》,司马迁在《史记》中记载张仪、苏秦这些人,是把战国时的资料,将时间、年代、地点,编起来写成传记。而在每个人的传记后面,都有评语,所以司马迁的《史记》,也等于是历史哲学,等于是一个评论。

研究苏秦时我们说过,张仪是苏秦培养出来的,不过在这以前还有一段:张仪是魏国人,小的时候和苏秦是同学,《史记》上写他们跟鬼谷子"学术"。要注意这"学术"两个字,他们并不是真搞什么学问,学的是如何拿到功名,很讲现实的一套东西,就是权变之术。在读书的时候,苏秦自己认为不及张仪,《史记》上只记了这样一笔,没有说为什么不及张仪。后来看了张仪传,找出一个答案,张仪的出身,比苏秦好一点,所以有点太保脾气,比较豪放,是耍得开的人。苏秦后来得志以后,张仪并没有得志,环境比较好一点的人,进取心就差一点,所以读历史读多了,对于一个人的成功,会感到很奇怪的,有许多人的成功,连他自己本来都没有这样的想法,但却硬是有机会逼得他走上成功的路线。正如隋炀帝吹的牛:"我本无心求富贵,谁知富贵逼人来。"这就看出一个人如果没有环境的刺激,反而容易堕落。以张仪、苏秦两人比较,张仪就是如此,等苏秦得志了,张仪还在悠哉游哉。在一个当楚国宰相的好朋友家里,做第一等宾客,手面也很大,随便花钱,蛮不在乎,一般人看他吊儿郎当,好像品行不很高。有一天这位宰相家里掉了白璧,宰相家里的人怀疑是张仪拿的,把张仪捆起来打个半死。回到家里,太太就说他,这冤屈都是读书读来的,如果不读书,就没有这种事。张仪当然受伤很重,他看见太太这样难过,就问自己的舌头有没有坏,太太告诉他舌头当然在,张仪就安慰太太不要紧,只要舌头还在,就没有关系,我们曾经看了《张良传》中说的:"以三寸舌为王者师。"这句话也等于说:只有吹牛不犯法。但据我们的经验,只有吹牛的成本最大,其次吹牛的对象更难找,因为能听吹牛的人,比吹牛的人还要高,诸葛亮会吹,刘备会听;张良会吹,汉高祖会听。没有对象,再吹也没有用。"三寸舌为王者师",所以张仪说只要舌头在就不怕。等到伤好了,听朋友的劝,才去找苏秦。

刺激的教育

这时苏秦已经了不起,可是苏秦自己心里有数,知道所玩的一套不是真的道德,也不是真的政治,为了个人的功名富贵而把世界各国玩弄成这个样子。这个我们要注意,今日的基辛格内心是不是也有这样的动机,值得研究。不过有两种看法,基辛格以前的确有著作,曾经有一个留美的同学,回来跟我说,基辛格这一套当然会失败,可是他著作中的理论可能不会失败。另外也有人说,基辛格大概准备把美国搞垮,因为他是犹太人。这都是推测的话,不去管它。话说回来，苏秦知道自己的西洋镜要拆穿的，如果被拆穿就不得了，必须要制造出一个敌人来，他当时的敌人是秦国，不需要另外创造，可是又有谁能去秦国说动，来和自己的计划对抗？他心里想到只有张仪，而刚好这时张仪来了，于是我们上次讲过的，苏秦就想办法刺激他。由此我们看到，一个环境好的青年，有本事，可是懒，不肯动，非要刺激他到没有办法的时候，他才去干。

山梁雌雉　时哉！时哉！

再说张仪到了秦国以后，所说的一套，就是《战国策》里这篇张仪说秦王。

我们看这一篇文章，除了了解这些历史经验以外，其中记录的许多观点、思想，对于我们现在的时代、国家、世界，乃至于个人，有很多值得参考的地方，须要注意。其次张仪去看的秦王，也就是苏秦所去看的秦惠王。苏秦去看他，两个人谈不拢，再读书以后，就不再去看他，想个办法，使太行山以东的国家，联合起来抗秦，把秦国孤立起来，没有办法左右当时的国际局势。现在张仪来看秦惠王，国际的情势变了，和苏秦来的时候不同，这时惠王正需要这样一个人的时候。刚好张仪到了。

　　张仪说秦王曰："臣闻之：弗知而言为不智；知而不言为不忠。为人臣不忠当死；言不审亦当死。虽然，臣愿悉言所闻，大王裁其罪！"

这一段，有一点我们要注意，即使不研究法家的韩非子，至少要看《史记》上韩非子的传记。韩非子再三提到一个重点——"说难"，人与人之间说话最难，尤其借言语沟通政治上的思想，就更为困难。这一段里，也就反映了这一个重点，在文字的表面上没有什么了不起，实际上是一个重点。第二点从这一段里，我们看到要学习说话的艺术，像张仪这开头的三句话。首先提出实际上不知道而乱讲的，这是不聪明。第二是知道了不讲的，就是不忠，对你不忠的人应当死。第三是知道了，又讲了，但讲得不详细、不清楚，也该死。实际上他的意思是，我要详详细细说给你听，你不要不耐烦，一会儿看表，一会儿又说要开会，但是他不便也不能这样直说，所以说反面话，如讲得不详细不清楚当死。最后还加上一句，我虽然据我所知道的，利害得失全部说给你听，但是如果错了，甘愿领罪。他这么一说，如真说错了，秦王也不好意思责怪他了。他短短几句话，什么都讲到了。这就是说话的艺术。而后言归正传。

"臣闻：天下阴燕阳魏，连荆固齐，收余韩成从，将西南以与秦为难，臣窃笑之。世有三亡，而天下得之，其此之谓乎！臣闻之曰：'以乱攻治者亡，以邪攻正者亡，以逆攻顺者亡。'今天下之府库不盈，囷仓空虚，悉其士民，张军数千百万，白刃在前，斧质在后，而皆去走，不能死。罪其百姓不能死也，其上不能杀也。言赏则不与，言罚则不行。赏罚不行，故民不死也。"

首先把国际局势分析下来，所谓"天下阴燕阳魏"到"将西南以与秦为难"。这一段的国际局势，都是苏秦的玩意儿，可是他绝不攻击苏秦，因为这时他已经知道是苏秦培养了他，这个时代，就在苏秦、张仪这两个同学的手里玩。

张仪说，他们这种合纵的形势，"臣窃笑之"，我觉得好笑，你秦王放心，没有什么可怕。"世有三亡"，世界上有三个大原则，谁违反了这三原则之一的，就非亡不可，在个人非失败不可。"而天下得之，其此之谓乎！"现在他们这个联合国的组织——合纵的国家，已经犯了这三样必定败亡的原则。"臣闻之曰：以乱攻治者亡，以邪攻正者亡，以逆攻顺者亡。"就是这三个条件。"以乱攻治者亡"是内在的，内政第一要清明。"以乱攻治者亡"是同样的道理，内部先求修明，张仪当时是指燕、魏、荆、齐、韩、赵这一边，每个国家的内政当时都在乱，真正修明的政治还是在秦国，所以后来秦始皇能统一天下，并不是偶然的。有上代替他打好了政治基础，由商鞅变法以后，内政一路建设起来的。

"以邪攻正，以逆攻顺"的道理都是一样。

他再分析天下的局势，从"今天下之府库不盈"到"其上不能杀也"这一节，原则上同今天东南亚的趋势有点相像了。第一，他们这些国家，经济不能独立，后勤补给缺乏，经济没有弄好，把所有的有用人力，都放到前方去了，统统备战。所谓"白刃在前，斧质在后"。这八个字，我们不要只作文学上的欣赏，仔细研究起来，这就是戈矛时代的战争。在战场上，拿短刀的兵站在前面，拿斧头、长武器、重武器在后列。这八个字，形容出古代战场上的阵势。可是这些国家的军队，遇到真正发生了战争，会回头就跑，绝没有人冒死打仗。为什么呢？"罪其百姓不能死也，其上不能杀也。"这要注意的。任何一个时代，任何国家，人民所以不会打仗，所以不肯尽忠，不肯牺牲，是有他的原因的，主要由于领导的错误。

政治上最重要的就是"赏罚"两个字，赏罚两个字也很难的，历史上很多人在这两个字上犯错误。甚至当家长的对孩子们的赏罚都要注意，都很难做得好。所以奖惩之间很难很难。张仪说，现在他们各国里面，"言赏则不与，言罚则不行，赏罚不行，故民不死也"。就是要赏，可是不给，说的没有用；对于处罚，也没有彻底去执行。既然赏罚不能行，大家觉得马马虎虎，没有责任感，所以就不肯牺牲打仗了。

他回过来说秦国：

"今秦出号令而行赏罚，不攻无攻，相事也。出其父母怀衽之中，生未尝见寇也。闻战顿足徒裼，犯白刃，蹈煨炭，断死于前者比是也。"

政治修明：命令贯彻，赏罚分明（这是商鞅变法以后，秦国政治完全走上法治制度的好处），许多秦国的年轻子弟，因为国家富强、环境舒适，从离开父母的怀抱起，就没有见过敌人，一到了战场精神就来了，一顿足会脱了衣服，光着膀子，看见刀子，都不怕，就是烧红的火炭都敢踩上去，死了就死了，愿意牺牲的人多的是。

秦国的老百姓为什么会做到这样？他说：

"夫断死与断生也不同，而民为之者，是贵奋也。"

断死与断生，在人的心理是绝对不同的，"断"就是断然，就是决心。断死是决心牺牲，断生是决心求生投降，这两种决心是绝对不同的，而秦国的青年所以会断死于前，是养成了一种战争责任感，不怕死的精神，能够奋发，非牺牲不可，有个人的牺牲才有国家的强盛。因此秦国的士兵：

"一可以胜十，十可以胜百，百可以胜千，千可以胜万，万可以胜天下矣。"

张仪再说下去：

"今秦地形，断长续短，方数千里，名师数百万，秦之号令赏罚，地形利害，天下莫如也。以此与天下，天下不足兼而有也。是知秦战未尝不胜，攻未尝不取，所当未尝不破也。开地数千里，此甚大功也。"

从一开始说到这里，一路下来都是高帽子，好听的，而又都是真实的。高帽子也不能乱送，秦王是一个当领袖的人，笨也不会笨到哪里去，所有的资料，他都清楚。换句话说，也就是张仪把秦国当时所处的国际情势、政治环境、地理环境、军事环境、一切准备，都分析清楚。最后，他说出一个秦国当前所应该采取的措施。实际上也就是张仪自己心理所希望造成的局势。他说：

"然而甲兵顿，士民病，蓄积索，田畴荒，囷仓虚，四邻诸侯不服，伯王之名不成，此无异故，谋臣皆不尽其忠也。"

在这里我们就看到张仪处理思想的方法，古代所谓"以说动人主"，就是《张仪列传》上说的，他问太太舌头坏了没有？他用嘴巴分析利害关系，非要打动对方的心不可。使他听了这个话，非动情不可，认为有道理，非上这个当不可。历史上常有一句话"揣摩人主之意"，当然"人主"是指帝王而言，以个人来说，做一个小单位的主管，也是一样，下面总要慢慢摸你的意思，把你的个性等等都了解，这当然有正反两方面的作用。

现在张仪把秦国的好处先讲了，可是再看下去，我们看到苏秦合纵——来一个"联合国"以后，秦国是已经没有办法，很吃亏了。他说"甲兵顿"，国防的战线拉得那么长，国防经费那么大，无法打仗，停在那里，好比今天美国的情形。"士民病"，大家心理上都很困顿。经济上"蓄积索"，慢慢空虚了，等于现代的美国，在越南，打不了胜利的仗,钱都打光了。"田畴荒",国内的农业、工业、生产都荒废了。"困仓虚",国库都空虚了,结果弄到四邻的诸侯不服,外面的同盟国家并不服你的气,你想称霸于天下是不可能的。我们读了这段书,看出就是苏秦这样一个书生,在七八年之间,把秦国弄成这个窘态。同时我们也可以了解现代,美国人到今天为止,就是这个情况。当时张仪告诉秦王,秦国所以到这个地步,就是左右的文臣武将,没有真正尽心贡献意见所致。

引用历史的经验

他话说到这里,就引用过去历史的经验,告诉秦王:

> "臣敢言往昔:昔者齐南破荆,中破宋,西服秦,北破燕,中使韩、魏之君,地广而兵强,战胜攻取,诏令天下,济清河浊,足以为限;长城、距坊,足以为塞。齐五战之国也,一战不胜而无齐。故由此观之,夫战者,万乘之存亡也。"

张仪在这个时候,要挑起战争。他希望秦国出战,但没有直接教秦王非打不可,他只拿历史的经验来说,提到齐国。研究这一段历史要注意的,秦是在西边,齐国是介于现在山西与山东之间,他说历史上齐国称霸的时候,那么了不起,四面攻破了各国,一个命令下来,国际上都听他的。南有济水黄河,北有长城作防线,像这样一个平原国家,各方面受敌,只要一次大败仗,齐国就完了。他那个国家的命运注定非打胜仗不可,由此可以看到战争的重要。这段话张仪是挑动秦国非打不可。

"且臣闻之曰：削株掘根，无与祸邻，祸乃不存。"

这是普通作人的道理，国事也同个人的事一样，农业社会人人都知道的比喻，砍去一棵树要挖根才彻底，但不要碰到旁边的树，如把旁边的树根也挖掉，就成问题，这个祸就闯大了。这是中国农业社会的老话，也是做人的道理，凡事挖根要彻底，不要留下祸根，但是对于与此事无关的部分，不要轻率地去伤害，伤害了就闯祸。

张仪接着就指出秦国当时的近代历史：

"秦与荆人战，大破荆，袭郢，取洞庭、五都、江南，荆王亡奔走，东伏于陈。当是之时，随荆以兵，则荆可举，举荆则其民足贪也，地足利也，东以强齐、燕，中陵三晋，然则是一举而伯王之名可成也，四邻诸侯可朝也。而谋臣不为，引军而退，与荆人和。今荆人收亡国，聚散民，立社主，置宗庙，令帅天下西面以与秦为难，此固已无伯王之道一也。"

这一段是批评秦国的不对，军事策略上的错误，他说你们一度和荆国作战，破了荆国，拿下了郢——现在武汉以北一带，取下了洞庭、五都、江南，一直到达现在安徽这一带了，荆王也逃亡躲到陈国不敢出来了。当这个时候，如果秦国一路追击下去，则整个荆国可以拿下来，拿到了荆国，则秦民可贪，地可利。进而影响东面的齐国、燕国都可以控制了。中间可以驾凌赵、魏、韩等三晋地，你秦国就可以一战下来称霸世界。结果你秦国的决策不这样做，反而引军而退，打有限度的胜仗，跟荆人谈和了。结果，荆人又慢慢恢复了，强起来了，又变成了你秦国的敌人，所以第一个错误就犯下去，不能做联合国的盟主——成伯。

研究这一段书，我们就感到，历史虽然已为陈迹，却足以发人深省。我们读这一段历史,再看看国际的现势,美国对北朝鲜、对北越的战争,犯了与这里所说一样的错误。

他讲秦国的第二个错误:

> "天下有比志而军华下,大王以诈破之,兵至梁郭,围梁数旬,则梁可拔。拔梁则魏可举,举魏则荆、赵之志绝,荆赵之志绝则赵危;赵危而荆孤;东以强齐、燕,中陵三晋,然则是一举而伯王之名可成也;四邻诸侯可朝也。而谋臣不为,引军而退,与魏氏和。令魏氏收亡国,聚散民,立社主,置宗庙,此固已无伯王之道二矣。"

我们拿这一段历史的经验,看看今天的越南(时为一九七五年四月),又投降了。张仪说,你秦国有一次在北方的战争,已经打得很好,你已经打到了梁国,把梁的城郭包围起来,已经可以把它拿下来了,拿了梁,魏国就站不住了,得到了魏国,荆、赵就不会有斗志。赵危,荆孤,一直下来,也可以称霸天下(这要注意,没有说统一,不像后来秦始皇要消灭人,这里是只想称霸)。结果你秦国的谋臣又是不准打完全胜利的战争,撤兵回来,和魏国讲和,魏国又壮大起来。

第三点,张仪谈到秦国的内政:

> "前者穰侯之治秦也,用一国之兵,而欲以成两国之功。是故兵终身暴灵于外,士民潞病于内,伯王之名不成,此固已无伯王之道三矣。"

张仪说穰侯(秦国的权臣)当政的时候,内政上兵力用得太过分,想用一国的兵力完成两国的事,于是服兵役的人,终身奔波于外,国内的工商业衰落了,农村破产,这是第三点的错误。

接着指出秦国的谋臣太差劲,如美国的参、众两院,基辛格、费正清这些人,都是美国现代的策士。

"赵氏,中央之国也,杂民之所居也。其民轻而难用,号令不治,赏罚不信,地形不便,上非能尽其民力,彼固亡国之形也,而不忧民氓,悉其士民,军于长平之下,以争韩之上党,大王以诈破之,拔武安。当是时,赵氏上下不相亲也,贵贱不相信,然则是邯郸不守,拔邯郸,完河间,引军而去,西攻修武,逾羊肠,降代、上党,代三十六县,上党十七县,不用一领甲,不苦一民,皆秦之有也。代、上党不战而已为秦矣,东阳河外不战而已反为齐矣,中呼池以北不战而已为燕矣。然则是举赵则韩必亡,韩亡,则荆、魏不能独立,荆、魏不能独立,则是一举而坏韩,蠹魏,挟荆,以东弱齐燕,决白马之口以流魏氏,一举而三晋亡,从者败。大王拱手以须,天下遍随而伏,伯王之名可成也,而谋臣不为,引军而退,与赵氏为和。以大王之明,秦兵之强,伯王之业,地尊不可得。乃取欺于亡国,是谋臣之拙也。且夫赵当亡不亡,秦当伯不伯,天下固量秦之谋臣一也。"

赵氏是现代河北山西一带靠北面地方,在当时是中央之国,杂民之所居,这问题很大,讲到历史要特别提出来研究的。

杂民所居的地方,政治上很成问题,如历史上自汉朝以后,有一个魏晋南北朝,这时都是外来的民族。因为汉朝自高祖以来,三四百年间,对西北的外来民族,始终没有办法,因此形成了以后南北朝两三百年间汉族与外来民族的纷争。到了唐代的时候,唐太宗那样了不起的人,对于边疆问题没有办法解决,汉唐两代,对外来民族，唯一的办法，就是靠通婚来羁縻，都是靠"和番"政策。所以唐末直到后来五代时候，就是杂民之所居，发生了变乱。

那么是不是杂民所居不可以？不是不可以，血统的交流不是不可以。问题在于有很重要的一点，古人始终不知道的，在孔子的思想里有这一点，不过表达得不很具体，就是"文化的同化"这点古人不知道。假使唐代就知道了文化是政治战的一个最大的力量，那中华民族今天的国势，还不止是这样而已，很可能西面已经到了欧洲。其次要注意的，近代东西方文化思想沟通以后，大家都知道了这一点，所以各国之间，在侵略别国以前，先作文化的侵略，最后消灭一个国家，也是靠文化。像第二次世界大战时，日本人知道了这一点，所以他每占领了一个地方，一定要当地人说日本话。他不像元朝的蒙古人，也不像汉代、唐代的外来民族，进了中国跟着说中国话。乃至把历史文化都改变。文化虽是看不见的东西，但是力量很大。现在我们知道战争中包括心理战，也非常重要，文化战还是口号，没有具体的东西拿出来，尤其现在我们在提倡文化复兴，我个人的观点，我们的文化是在衰落。像我们手边拿来研究的东西，就是真正中国文化之一，而且是非常有用的，但是却只有少数人去看它。

这是由"杂民之所居"一句所引出来的感想，提出来值得大家研究和注意的。

张仪在当时讲到"杂民之所居"的地方，"其民轻而难用"，这句话又引起我一个感想，希望大家要读一部书——《读史方舆纪要》，里面对每一省、每个地方的民风习性讲得很清楚。山川形势、风俗产物，都很详尽，现在也没有脱离这个范围，很值得注意。在政治作战、心理作战、文化作战上，非常值得参考。

张仪这里讲的所谓"轻而难用"，就是豪迈，容易冲动，一句话不合就打起来了。在这种地方，就要了解他们这种民风习性，这并不是他们的缺点，如果摸清了他们这种个性，政治上就好办了，像杂民所居的这种地方，有时候专谈法治很难办的，他们往往讲义气，话说对路了，人作对了，他就听你的，如果全跟他谈法，不一定好办。

他再分析赵国的地形也不便利，是亡国的地形，可是赵国在这么不利的情形之下，仍旧出兵打仗（例如后来秦国大将白起与赵国长平之役，坑赵卒四十万的故事）。张仪所讲这一段都是讲当时秦国的政策，批评秦国当时的这班谋臣没有尽心负责任。他继续说：

"乃复悉卒，以攻邯郸，不能拔也，弃甲兵怒，战慄而却，天下固量秦力二矣。军乃引退，并于李下，大王又并军而致与战，非能厚胜之也。又交罢却，天下固量秦力三矣。内者量吾谋臣，外者极吾兵力，由是观之，臣以天下之从，岂其难矣！内者吾甲兵顿，士兵病，蓄积索，田畴荒，囷仓虚；外者天下比志甚固，愿大王有以虑之也。"

一口气批评下来，结论说到外面的人，看你内在的谋臣，外在的兵力，到底有多大力量，都看得清清楚楚，现在你国内是这样的情势，而各国又联合起来，你秦王应该多多考虑了。

然后张仪提出建议，先以武王伐纣的历史经验来作比方。说动秦惠王，最后的结论，竟以自己的头颅来坚定秦惠王的信心，可见他的会说话，也可见他用心之深和求信之急了。

"且臣闻之，战战栗栗，日慎一日，苟慎其道，天下可有也。何以知其然也？昔者纣为天子，帅天下将甲百万，左饮于淇谷，右饮于洹水，淇水竭而洹水不流，以与周武为难，武王将素甲三千，领战一日，破纣之国，禽其身，据其地而有其民，天下莫不伤。智伯帅三国之众，以攻赵襄王于晋阳，决水灌之，三年城且拔矣。襄主错龟数策占兆，以视利害，何国可降？而使张孟谈，于是潜行而出，反智伯之约，得两国之众，以攻智伯之国，禽其身，以成襄子之功。今秦地断长续短，方数千里，名师数百万，秦国号令赏罚，地形利害，天下莫如也。以此与天下，天下可兼而有也。臣昧死，望见大王，言所以举破天下之从，举赵，亡韩，臣荆、魏，亲齐、燕，以成伯王之名，朝四邻诸侯之道，大王试听其说，一举而天下之从不破，赵不举，韩不亡，荆、魏不臣，齐、燕不亲，伯王之名不成，四邻诸侯不朝，大王斩臣以徇于国，以主为谋不忠者。"

现在把苏秦、张仪这两篇东西作一个结论。我们重复提出要特别认识清楚的一个重点：苏秦、张仪当时的动机，是以自己个人的功名富贵为出发点，而把整个的列国局面，历史的时代，在他们两位同学的手里摆布了约二三十年。他们并没有一个中心思想，或政治上的主义。同时也可以说，当时一般领导人，并不接受任何中心思想或主义，对于道德仁义的中心思想都不管了，只认识利害关系。这一点对我们现在来说，是一个历史的经验，要特别注意。中国几千年历史，一个乱象，到了像战国的末期，像南北朝的末期，像五代的末期，仁义道德没有办法发挥作用，没人接受，这是什么原因？当然有它的道理，譬如《孟子》，大家都读过的。孟子不过比苏秦、张仪早一点点而已，为什么孟子到处讲仁义，到处吃瘪？为什么苏秦、张仪会那么吃香？这样比较下，就产生两个观点，在个人方面，我们就看到了孔子、孟子的伟大，他们对于苏秦、张仪的这一套不是不懂，他们全懂，可是始终不愿意引导人家走上这条路，始终要求人家讲基本的德性，并不在乎自己个人当时的荣耀，这是孔、孟个人的了不起。第二点，我们看出了，当时的时代为什么需要苏秦、张仪的这一套，这就讲到我们本身。我们现在两副重担挑在身上，一面要维持自己传统文化的德业，政治的道德，人伦的道德，承先启后，这是一副担子。另一方面是要如何配合这个时代的迫切需要，而这个需要是讲利害的，但在利害之中，要灌输进去我们固有的道德文化思想，这就是我们今日的处境，是一个非常困难的处境，也许在一两百年以后的历史上，会写我们非常了不起的好处，因为我们今日所挑的担子，比古人挑的还要重，还要困难。所以我们读了苏秦、张仪两人的传记资料，了解了他们当时的历史，拿来比较今天，就知道今天有如何的困难。因此大家有时间，不妨多读《史记》《战国策》这一类书，不要以为这是古书，已经过了时。如果不变成书呆子，在碰到事情的时候，发挥起来，非常有用处，透过了古书，更有助于现代情况的了解和进展。

长短纵横

上面讲到苏秦、张仪的纵横术，我国古代，看不起它。在中国古代称用"术"的人是术士，并没有被列入正式学者之流。现代却什么都是术了。

纵横术，也名钩距之术，又名长短术。这种"术"的原则和精神，是我们今日所处的这样国际局势之中，所需要了解的。我们今日的外交，一切工作，都必须有这样的精神和才具，抓得住别人的弱点，然后达到自己的目的，这是一个很高深的本事，可以说比做生意还难。昨夜看了一本书，里面记载一段清朝的掌故说，山西有一户很会做生意的人家，有次有一个顾客在讨价还价，争执得很厉害，老板被逼得都生气了，便说："天下哪有一本万利的生意？要想一本万利，就回去读书吧！"这人一听这话的确有道理，就立刻回去培养儿子读书,后来果然他子孙好几代都是很有才具的大臣,由这个故事的幽默感,也可以联想到纵横术是相当难的。

今天,我们用的资料是《长短经》,这本书大家也许很少注意到它,作者是唐朝人,名赵蕤,一生没有出来做官,是一位隐士。有名的诗人李白,就是他的学生。如果研究李白,我们中国人都讲李白、杜甫是名诗人,实际上李白一生的抱负是讲"王霸之学",可惜他生的时代不对,太早了一点。唐明皇的时代,天下是太平,到天下乱时,他已经死了,无所用处。赵蕤著的是《长短经》,就是纵横术。这一本书在古代,尤其在清朝几百年间,虽然不是明禁,因为是古书,没有理由禁止,可是事实上是暗禁的书,它所引叙的历史经验,都是到唐代为止。后来到了宋朝,《素书》就出来了,以前也有,但宋朝流传下来的《素书》是否即是汉时的原版,无从证明。到了明末清初,另一本书《智囊补》出来了,作者冯梦龙是一位名士,把历史的经验都拿出来了。我们如把《左传》《国语》《战国策》《人物志》《长短经》《智囊补》,以及曾国藩的《冰鉴》等等,编成一套,都是属于纵横术的范围以内。长短之学和太极拳的原理一样,以四两拨千斤的本事,"举重若轻",很重的东西拿不动,要想办法,掌握力的巧妙,用一个指头拨动一千斤的东西。

人臣之道

这里是自《长短经》中摘录出来的一篇:《臣行第十》,就是如何做一个很好的大臣,换句话说就是如何做一个很好的干部。《长短经》里也有"君道"的论述,我们暂时保留。像最近很多人喜欢读《贞观政要》,里面记载唐太宗当年治国的历史经验,它的重点属于君道,是给皇帝的教科书,要他知道如何作一明君,所以望之不似

人君的我们,还是先由臣道开始,把臣道学好:

这个臣道,所培养的干部,可以说是最高的干部,拨乱反正的干部。他先把臣道分类来讲,正臣六类,邪臣六类,相互作对比。

六种正臣的典范

> 夫人臣萌芽未动,形兆未现,昭然独见存亡之机,得失之要,豫禁乎未然之前,使主超然立乎显荣之处。如此者,圣臣也。

他分类出来的第一种是圣臣的典型,如《素书》里的讲的伊尹、姜尚、张良这些人,都可算是圣臣。这里圣臣在上古属于三公之流,坐而论道之事。他们的位置最高,等于现代国家最高的顾问。没有固定的办公室,也没有固定管哪个部门,所谓"坐而论道",并不是坐在那里玩嘴巴吹牛,他们的行为就是本节所讲的"萌芽未动"这几句话。天下一切大事,像植物一样,在还没有发芽的时候,态势还没有形成的时候,那就已经很明显的洞烛机先,知道可不可以做。做下去以后,存亡、得失的机要,都预先看得到,把握得住。在事情未发生之前就预先防止,使他的"老板"——领导人,永远站在光荣的这一面,能够做到这样的,堪称第一流的干部,叫做圣臣。在历史上这种第一流的干部,都是王者之师。

……

> 虚心尽意,日进善道,勉主以礼义,谕主以长策,将顺其美,匡救其恶。如此者,大臣也。

其次是自己很谦虚，每天帮助领导人做好事，贡献他宝贵的意见，这种古代称为"骨鲠之臣"，骨头硬的大臣，自己马上被免职没有官做没关系，但主要的在使领导人走上好的这一面，领导人不对的，就是说不对，历代都有这种大臣。宋太祖之初有一位大臣去看皇帝，当时皇帝穿了睡衣在宫里，他就背过身子，站在门上不进去，皇帝看见他站在门外，教侍卫去问他为什么不进去，他说皇上没有穿礼服，一句话把皇帝整得脸都红了，赶快去换了代表国家体制的礼服出来接见他。虽然这只是一件小事，但这种骨鲠之臣则绝不马虎，因为皇帝代表了一个国家。在清朝的实录里就讲到，康熙自七岁登基，六十年的皇帝当下来，一天到晚忙得不得了，即使他一个人在房里的时候，也从来没有把头上戴的礼帽摘下来，自己就如此严格管理自己。所以一个真正好的领导人，对待自己非常严格，这是很痛苦的事，自己如果克服不了自己，而想征服天下，是不可能的。这里讲到的大臣，对领导人要"勉主以礼义"，要劝勉老板守礼行义。"谕主以长策"，告诉老板要眼光看得远，作长久的打算，使他好的地方更好，坏的地方改掉，这个样子，叫做大臣。

……

夙兴夜寐，进贤不懈，数称往古之行事，以厉主意。如此者，忠臣也。

其次，是为国家办事，睡都睡得很少，起早睡晚，同时要"进贤不懈"，这情形历史上很多，就是推荐人才。这件事在中国古代很重要，一个大臣如果不推荐人才，是不可以的。这一点就可以看到中国文化的政治道德，前辈大臣是用各种方法来培养后辈，予以推荐，而且有好人才就推荐，不可松懈停顿。"数称往古之行事，以厉主意。"过去的大臣，都是深通历史，如司马光，著有《资治通鉴》，但他也是大政治家。他有一度被贬回家,后来皇帝有许多事情,要找他去谈,他接到命令进京,到了京城——洛阳的城外,洛阳的老百姓听说司马相公蒙皇帝召见进京,大家高兴得跑到郊外去排队欢迎他。司马光看见这情形,问明白了原因,立刻往回走,不进京了。这就是太得众望了也不好,这就是司马光做人小心的地方。同时,也就是中国文化与西方文化不同的地方,当荣耀来的时候,高兴不要过头了,过头了就不好,花开得最好的时候,要见好便收,再欣赏下去,就萎落了。这里是说做大臣要深通历史,因为在历史上有很多的经验,可以引用来帮助领导人。

在清初,皇帝的内廷,有一个祖宗的规定,皇帝每天早晨起来,一定要先读先朝的实录,他们祖先处理政事的经历。可见历史的经验,有如此重要,不管读得多熟,每天要读一下,以吸收经验,启发灵感。随时以自己历史的经验来辅助皇帝的才是忠臣。

> 或问袁子曰:故少府杨阜,岂非忠臣哉?对曰:可谓直士,忠则吾不知。何者?夫为人臣,见主失道,指其非则播扬其恶,可谓直士,未为忠也。故司空陈群则不然,其谈话终日,未尝言人主之非,书数十上而外不知,君子谓陈群于是乎长者,此为忠矣。

这里是以附注的形式,对"忠臣"作进一步的阐述。他说,有人问袁子说故少府杨阜不是忠臣吗?而他答复说,像杨阜这样的人,只能称直士,他行直道而已,算不得忠臣。杨阜是三国时的魏人,因打马超时有功,封为关内侯,魏明帝的时候又升了官,这人有一个抱负,历史上写他"以天下为己任",也就是说,"天下兴亡,匹夫有责"的意思。因此历史上写他"敢抗疏"三个字。"疏"就是给皇帝的报告,"奏议"是建议,"奏疏"是与皇帝讨论问题,"抗疏"

就是反对皇帝的意见。杨阜是常常提抗疏，上面收到他这些意见，看是看了，但往往不大理，他看自己的意见不被采纳，就提出辞官，但没被批准，上面还是认为他很好。历史上有一则故事，有一天他看到魏明帝，穿了一件便服，而且吊儿郎当，就很礼貌地告诉魏明帝，穿这样的衣服不合礼仪，弄得皇帝默然，无话可说，回去换衣服。还有魏明帝死了一个最疼爱的女儿，发丧的时候，魏明帝下命令表示自己要送丧，这一下，杨阜火了，他抗疏说先王和太后死了，你都没有去送丧，现在女儿死了要送丧，这不合礼。当然杨阜的话是对的，魏明帝到底是人主，并没有理他的反对意见。在历史上这类故事很多。

《长短经》中，在这里借用他，对忠臣的意义，做一个阐述。他说像杨阜这样的人，可称为是一个直士，很直爽，有骨气，但还不够算作忠臣。什么理由？做为一个大臣，发现领导人错了，当面给他下不去。虽然指出他的不对是应该的，但方法有问题，结果是自己在出风头而已。犹如和朋友在一起，在朋友犯错时，要在没有第三者在场时，私下告诉他，不能当别人的面前说出来，给他下不去。而魏朝的另外一个大臣，司空陈群这个人，是非常有名的，学问、道德样样都好。所以研究三国时的历史，魏曹操父子之能够成为一个正统的政权而维持了那么久，不是没有理由的。从另一个角度看，很有他的道理。在曹操父子的部下里头，有很多了不起的人。像陈群就是有名的大臣，他就有忠臣的风度，他和高级的人员在一起的时候，从来不讲上面领导人的错误，只是直接"抗疏"，送报告上去，指出哪点有错误，哪点必须改。但是他上了几十个奏疏，有的是建议，有的是批评，而他的朋友同僚都不知道他上了疏，自己绝对没有自我表扬。所以后世的人，都尊陈群是一位长者——年高，有道德，有学问，有修养，厚道的人，这才是真正的忠臣。像杨阜只是行道的直士。其实，不但对领导人应该这样，就是对朋友，也应该这样。

……

> 明察成败，早防而救之，塞其间，绝其源，转祸以为福，君终已无忧。如此者，智臣也。

智臣在现代的说法，是有高深的远见，成败祸福，事先看得到，老早防着它的后果而采取适当措施。一个政策下来，只看成功的一面，一旦失败怎么办？要早防而救之，塞其间，间就是空隙。处理任何一事都必须顾虑周全，即使有百分之百成功的把握，总难免其中有一个失败的因素，就要"早防而救之"，先把漏洞堵塞掉，把失败的因素消灭了，把祸变成福，使上面领导的人，没有烦恼、痛苦、愁闷。这就叫做智臣。

……

> 依文奉法，任官职事，不受赠遗，食饮节俭。如此者，贞臣也。

再其次，就是负责任，守纪律，奉公守法，上面交给任务，负责做到，尽自己的力量，不贪污，乃至送礼来都不受，生活清苦简单，这种人是贞臣，廉洁之至，负责任的好公务员。

……

> 国家昏乱，所为不谀，敢犯主之严颜，面言主之过失。如此者，直臣也。

国家在昏乱的时候，对上面不拍马屁，不当面恭维，而且当上面威严得很,生气极了,谁都不敢讲话的时候,他还是敢去碰,当面指出上面错了的事,这样就是直臣。

"是谓六正"。他首先提出来,圣臣、大臣、忠臣、智臣、贞臣、直臣这六种干部,叫做六正。

恕臣之道

桓范《世要论》,桓范是南北朝时代的人,他的著作中有一篇文章题为《世要论》,属于纵横术中的一部分,也是人臣的学问,所以讲中国文化,我觉得尤其在这个拨乱反正的时代,统一中国的今天,这一部分很重要。这个时代,不是完全讲四书五经,坐以论道的时候。当然我们需要以道德为中心,但是要知道做法,而这些做法多得很,可惜现在外面一般人都不研究。在这里,就引据了《世要论》的话,应认清楚干部。《世要论》说:

> 臣有辞拙而意工,言逆而事顺,可不恕之以直乎?

有些干部不会讲话,讲出来不好听,可是当主管的要注意,他嘴巴笨讲不出来,而他的主意可好得很,不要对那个嘴巴笨的干部火大而不去听,这就错了,就有些人一肚子好主意,可是嘴笨讲不好,而且他讲出来的话,好像比毒药都难吞下去,让人听了难受得很,开口就是:"不行!不行!"可是他的意见,对事情非常有利,这就要领导人有高度的修养,对这种干部要了解清楚。要有体谅人的修养,了解他虽然不会讲话,心是好的,也是直的。

……

臣有朴骏而辞讷,外疏而内敏,可不恕之以质乎?

天生人物,各个气质不同,秉赋不一样,有种人朴实得好像永远是乡巴佬的样子,有一点近乎十三点的样子,但不是十三点,大约只是十二点半。想想他真可爱,很朴实,但有时做人又多了那么半点憨态,但不是坏事,讲话时嘟嘟囔囔讲不清楚。这样的人,看他的外表没有什么了不起,而脑子里聪敏得很。当主管的人,对于这种人,就要了解他本质淳朴、聪敏的一面。

……

臣有犯难以为上,离谤以为国,可不恕之以忠乎?

这两句话所指的,在历史上的故事也很多,就是冒险犯难,临危授命,可以拨乱反正的人才。如现代史上,在第二次世界大战初,希特勒横征欧非,把世界扰乱得那么严重的时候,英国人最初对丘吉尔不敢任用,因为丘吉尔是有名的"流氓"作风,闹事专家,但是最后抵抗希特勒,还是靠丘吉尔,实际上丘吉尔就是"犯难以为上"的人。有些人天生的个性,喜欢冒险犯难。越困难就越有兴趣去干,教他做平平实实,规规矩矩的公务员、办没有什么大困难的事,他懒得干。"离谤以为国",为了国家,可以忍受一切的毁谤,大家都攻击他,他也不管。历史上唐、宋、元、明、清历代开国的时候,都有这样的人物。像有许多人,被派到前方去艰苦中作战,后方还有人向上面密报,说他的坏话。有些精明的皇帝,接到这种报告,连看都不看,原封不动的,加一个密封,寄到前方去给他自己看,也就表示对他信任,恕之以忠。

……

> 臣有守正以逆众意，执法而违私欲，可不恕之以公乎？

许多人非常公正廉明，但有时候公正廉明却受到群众强烈的反击。像当年在成都开马路的时候，就发生这种事，当时群众认为破坏了风水，大家反对，地方的势力很大，所谓五老七贤，出来讲话，硬是不准开。某将军没有办法，请五老七贤来吃饭，这边在杯酒联欢吃饭的时候，那边已经派兵把他们的房子一角拆掉了，等五老七贤回家，已经是既成事实。随便大家怎么骂法，而事情还是做了。等到后来马路修成了，连瞎子都说，有了马路走路都不用拐棍了。天下事情，有时要改变是很难的。有时必须守正以逆众意，违反大众的意思而坚持正确的政策。要有这个担当。这就要谅解他这样是为了长远的公利，也有的时候，在执法上违反了自己的私欲，宁可自己忍痛牺牲，这都是难能可贵的。

……

> 臣有不屈己以求合，不祸世以取名，可不恕之以直乎？

有些人的个性倔强，要想教他委屈他自己的道德准则，违反他的思想意志，而去迎合某一件事，他死也不干。还有一种"不祸世以取名"这也是很难的，几十年来现实的人生经验，很少看到这种人。如果做一件事，马上可以出名，个人可以成功，可是，结果将会为后世留下祸根，那么他宁可不要成这个名，而不做这种事。要了解这种人是直道而行的操守。

……

> 臣有从仄陋而进显言，由卑贱而陈国事，可不恕之以难乎？

有些人地位很低，可是他有见地，古今中外，这样被埋没的人很多。往往这类人提建议时，中间阶层的人说他越级报告，非把他开革了不可。实际上有的人路子很窄，地位也不高，也没有名声，但能进贤言，有很好的意见提供给领导人，虽然他的地位很低，是一个很普通的人，而所提的意见，都是忠心为国。对于这种人，作领导人的要注意，这是难能可贵的。

……

> 臣有孤特而执节，介立而见毁，可不恕之以劲乎？

这个"劲"就是"节"，古代往往两个字连起来，"劲节"成为一个名词。每以竹子来象征，因为竹子是虚心的，笔挺的，有些人个性孤僻，不喜欢与同事、朋友多往来，有特殊个性与才能。大约有特别长处的人，都有特别的个性，看来很孤僻，这种人也有他的操守，不随便苟同，超然而独立，可是这种人，容易遭到毁谤，当主管的就要了解这种人是有特别节操的。

> 此七恕者，皆所以进善也。

上面曾经说了有六种正派一面的干部，这里就说到，当主管作领导人的，要对部下了解、体谅的七个恕道。换言之，作主管的如果不具备这七种恕道，就不能得到这六正的干部。这点我们要注意了。人们常说历史上的人才多，现在的人才少，并不尽然。正如曾国藩以及历代许多名臣都说，每个时代到处都有人才，第一在自己能不能赏识，第二在自己能不能培养。即使是人才，也还要加以培养。没有好的环境和有利的条件，才干发挥不出来，人才也没有用。所以六正与七恕，是君臣两面共修之道。

反派臣道的型态

下面是另外一路的几种臣道：

> 安官贪禄，不务公事，与事沉浮，左右观望。如此者，具臣也。

这里的具臣，和《论语》中所讲的具臣又两样了。这里说，有些人规规矩矩，安于那个官位，只要不出毛病，反正拿薪水，对于公事都办，但并不特别努力，随着时代的潮流，沉就跟着沉，浮就跟着浮，对现实把握很牢，随世俗走，这样也可以，那样也可以，现代的名词，"水晶汤圆"就是这种人，又透亮，又滚圆。这种人只是凑凑数的，聊备一员而已。

……

> 主所言皆曰善，主所为皆曰可，隐而求主之所好而进之，以快主之耳目，偷合苟容，与主为乐，不顾后害，如此者，谀臣也。

拍马屁这一类的，历史上这种人也很多，近代史中最著名的，有清朝的和珅，乾隆皇帝的嬖臣，就是这样。对上面光是："好的！是的！"这还不算，肚子里还在打主意，隐隐地，暗暗摸清主管的毛病，爱好在哪里，然后投其所好，这种投其所好的人，也有他们的一套，一般人很难做到的。譬如说，一位主管，什么都没兴趣，就是好读书，于是谀臣这一型的人，也会装着好读书。所以上面仁义道德，下面满堂都仁义道德。《战国策》里就有这样的故事。齐桓公最讨厌紫色的衣服，他问管仲该怎么办，管仲说这很简单，你明天开始，见到穿紫衣服的走到面前，你就说臭得很，教他走远一点，这就行了。齐桓公照样做了，一个月以后，全国都没有穿紫衣服的人。所以我们读书要注意，一般人常引用曾国藩的话，社会风气的转变，在一两人的身上。但要知道这一两人不是你我。社会风气就是如此。因此上面好什么，下面跟着就是什么，这是非常大的力量。这一类的人，只是讨好领导人而已，偷偷摸摸，不走正道，专门巴结主管，往往因此害了这位主管，他也不管。这就叫作谀臣。

......

> 中实险诐，外貌小谨，巧言令色，又心疾贤，所欲进则明其美，隐其恶；所欲退则彰其过，匿其美，使主赏罚不当，号令不行，如此者，奸臣也。

这一段说到奸臣了，很明显地说奸臣内心里非常阴险，外表上看起来则小心谨慎，规矩得很。从历史上看到，成功地做一个奸臣还很不容易。如历史上说秦桧杀了岳飞，哪里是秦桧杀的，宋高宗本来就讨厌岳飞，秦桧只是迎合宋高宗的意思，代高宗承罪而已。大家都知道岳飞的口号："直捣黄龙，迎回二圣。"这是岳飞不懂宋高宗的心理，以为直捣黄龙就可以了。迎回二圣以后，宋高宗怎么办？二圣一个是他父亲，一个是他哥哥，二圣回来，宋高宗还当不当皇帝？第二点，岳飞当时才三十多岁，年纪太轻，偏要涉及内政。当时宋高宗还没有立太子，而岳飞天天催高宗立太子，这在高宗的想法，认为你岳飞希望我快死吗？而且这是我赵家的家务事，你在外面好好打你的仗就行了。可是岳飞偏要回来管这件事，固然岳飞是了不起的人物，书也不能说读得不好，但是人生经验到底不够，他的老师硬是没有教好他,这是"批其龙鳞"的事,不可以做的。秦桧就知道宋高宗这个心理,更主要的是两个政策思想不同,一个主战,一个主和,作风上不同,而岳飞遇害了。所以一个人要贯彻一个思想,很不容易。奸臣就是心存阴险,看起来很小心,很会说好听的话,态度上讨人喜欢,而最严重的是忌贤,好人他都妒忌,他要提拔的人,专门在领导人面前说他的好处,隐瞒他的缺点。对于真正的人才,他就在领导人面前,不表示意见,冷冷的态度。点点滴滴造成坏印象,就够了。结果使上面的赏罚不当,该赏的不赏,甚至反而罚了,该罚的没有罚,反而赏了,于是命令下去不能贯彻。这一类的,就是奸臣。

……

　　智足以饰非,辩足以行说,内离骨肉之亲,外妒乱于朝廷,如此者,谗臣也。

谗臣和奸臣很相近,嘴巴坏得很,这种人很多,他的知识渊博,学问好,错了的事,他总有办法,或者以言词理论,或以行为动作,把错处掩饰过去,很会说话,硬能把人说服。而且他的才智论辩,可以把人家兄弟、父子之间,家属的感情离间,同事相处,也挑拨离间,破坏感情,这是谗臣。

……

　　专权擅势,以轻为重,私门成党,以富其家,擅矫主命,以自显贵,如此者,贼臣也。

像王莽一流,历史上一些篡位的臣子,最后都到了这个程度,这种人就玩弄权了,用他的势力,可以颠倒黑白,以轻为重,自己结成党派,专门搞自己的事,乃至下假的命令,以达到自己的显贵,这种人就叫贼臣。

……

> 谄主以佞邪,堕主于不义,朋党比周,以蔽主明,使白黑无别,是非无闻,使主恶布于境内,闻于四邻,如此者,亡国之臣也。

第六种是亡国之臣,他帮助老板走上坏路,把错误都归到老板一个人的身上,实际上是部属大家的错误。这一点,由历史、人生的经验看,是非很难讲,公务员没有把事情做好,而老百姓都骂领导人。做领导人的确很可怜,下面常常陷主于不义。任何时代都是如此,工商时代也如此,这是一般人类的心理,很自然的,没有办法,这类人是亡国之臣。

"是谓六邪"这种具臣、谀臣、奸臣、谗臣、贼臣、亡国之臣等是六种邪臣,不是正道的干部。

防邪之道

下面再引证桓范的《世要论》。

> 臣有立小忠以售大不忠,效小信以成大不信,可不虞之以诈乎?

用人之难,人心之险诈,有些人小事忠得很,但他是借此达到另外一个大不忠的目的。有些人小信一定好,而他是要完成他的大不信。所以要顾虑到，是不是真正的险诈。不过话又说回来，从历史与人生的经验上看，有许多人他有本事，也是做小事一定尽忠，绝不是诈，并没有存心骗人，也不是为了什么大的反叛目的，这样做了多少年，可是一把他放到大的职位上去就完了，他就不忠了。于是别人说此人施诈。但在我的看法不同，这是主管对于人才的看法没有深切的了解。这种人在小位置上忠心，到了大位置上并不是不忠心，而是受环境的包围，于是变坏了。这不是他诈不诈的问题，而是他这材料不够坐那个大位置，等于很好的小吃馆子，如果要他办酒席大菜就完了。还有就是年龄的关系，这就是孔子的话，人老了"戒之在得"，年老了样样想抓，这个"得"字就出了毛病。这不能说他在年轻时的作风就是假的，因为年轻人不在乎，觉得自己还有前途，来日方长，有的是机会，所以就不至于贪得，年纪大了的人，觉得在世的日子短了，先弄一点到手吧，这一来就完了。这就是心理的问题。讲修养，就是要把这种心理变化过来，能有这个气质的变化，这才是真本事、真修养，这也并不容易。所以关于这一点，我对于古人的这个观点，还是不同意，因为它讲的是道理，没有研究人的心理。人的心理，是跟着空间、时间在变更的。一个人真能修养到自己的心理、思想，不受环境的影响，不因空间、时间的变动而跟着变动，才称得上是第一等人。但是世界上的人都做了第一等人，那第二等人谁去做呢？（一笑）

……

> 臣有貌厉而内荏，色取仁而行违，可不虑之以虚乎？

这是说有些干部在外表上看，脾气很大，冲劲也很大，可是内在没有真胆识，有些人在态度上看起来非常仁义，而真正的行为，却与仁义相违背，就是说有的人在平日看起来，是颇仁义的，但是真到了义利之间的关键头上，要做一决定时，他就变得不对了。所以当主管的人，对干部的看法、考核，要顾虑到是不是表里如一，脚踏实地。

……

> 臣有害同侪以专朝，塞下情以壅上，可不虑之以嫉乎？

这个情形很多的，人类嫉妒的心理是天生的，一般人所谓的吃醋，好像男女之间相爱，女性的妒忌心特别容易表现，所以一般都说女性醋劲最大，其实男性吃醋比女性更厉害，而且不限于男女之间，男性往往发展到人事方面，诸如名利之争、权势之争等等。譬如有些人名气大了，就会有人吃醋，有的人文章写得好了，就会有人吃醋了，字写得好了也吃醋。乃至于衣服穿得好了，别人也会吃醋，甚至两人根本不认识，也吃醋。这是什么道理？这是高度的哲学和心理学，嫉妒是人与生俱有的劣根性。

不论上面领导的人，或者做人家干部的人，对于这些都要知道的。人的心理，是这个毛病，有些人欢喜打击同事，自己专权，于是挡住了下面的情形，同时使下面也不了解上面的意思。这都是出于妒忌心理，才发生了这些情形。所以当一个领导人的，听到干部当中甲说乙的话，乙说甲的话，都不能偏听，而要尽量客观的，要注意他们之间，是不是有妒忌的心理。

……

> 臣有进邪说以乱是，因似然以伤贤，可不虑之以谗乎？

挑拨、说坏话、害人的话就是谗言。这是古今中外一例的，譬如一个文人，尤其是学哲学、学逻辑的人，经常容易犯这个错误。

逻辑学好了以后，非常会辩理，怎么样都说得对，死的可以说成活的，在理论上，逻辑上绝对通，但事实上不一定对。所以有些干部，能言善道，很有文才，很有思想，专门发表邪说。这段文字上看"邪说"两字，定在这里，明明白白，看起来很清楚，如果我们做了主管的时候，干部进邪说，不一定写文章，对于某件事情，他轻轻一句话，就听进去了，中了他的邪说，乱了真理，他用一种好像是对的道理，而伤害了好人。所以当领导人的，就要顾虑到，是不是有谗言的作用。

……

臣有因赏以偿恩，因罚以作威，可不虑之以奸乎？

有些专权的人，他对他的部下有赏赐，并不是公正的赏，而是自己与受赏的人有关系，故意卖恩情给他。譬如小的单位主管，有考核权的，对于自己喜欢的人，就多给他分数，对于所讨厌的人，尽管他有本事、有功绩，还是设法扣他的分数。"因罚以作威"，以示权威。赏罚基于私心，这一类，就是奸佞之人，不公正。

……

臣有外显相荐，内阴相除，谋事托公而实挟私，可不虑之以欺乎？

这种事情就很严重了，我们从历史上的政治中，常常可以看到，有些干部明明内心想要害某人，而表面上说某人的好话，但暗暗地把某人搞垮。谋事则冠冕堂皇，托之于公事上，实际上则挟了有私意，手段非常高明，这就是欺，古代所谓欺君罔上。我们看历史，这种悲惨的故事实在不胜枚举。

……

> 臣有事左右以求进，托重臣以自结，可不虑之以伪乎？

有些人，是靠领导人旁边最亲信的人，专走这个门路，服事他们，搞得很好，由他们影响领导人，达到自己的目的。或者是找在领导人面前分量最重，言听计从的人，托他们的力量，结交他们，以巩固自己的权力与地位，这都是伪。

不过这种事，有时也很难定论，要看各人的运用。以近代史看，曾国藩、胡林翼就是走的这个路子，这是历史上的两段秘密，当然正史上没有记载，而这种野史的记载，是真是假，暂且不去管它。

据说，清咸丰皇帝，所以知道曾国藩的大名，在太平天国一起来的时候，就教曾国藩在湖南练湘军，是因为咸丰早就对他有了印象。最初曾国藩在京里做官的时候，是在礼部做一个小京官，大约等于现在部里的司长级，还是附员一类闲差。他知道一个汉人，在满人的政权里做官，非走门路不可，于是他结交了一位亲王，两人感情很好，后来这位亲王向咸丰保荐曾国藩，说他"胆大心细，才堪大用"。咸丰看到是这位亲王——咸丰的伯伯或叔叔的保荐，就答应了召见。后来果然咸丰在便殿召见曾国藩，他进去以后，便殿里空空的，什么都没有，只是在上首位置，有一把皇帝坐的椅子，下面是一个锦墩，太监带他进去以后，教他在便殿等候，他向皇帝的位置，行了三跪九叩首大礼以后，就规规矩矩坐在锦墩上等候，等了一个多时辰，皇帝始终没有出来，最后一位太监出来通知他，皇帝今天有事，改天再召见，曾国藩只好对着空椅子三跪九叩首以后回去了。回去以后，这位保荐他的亲王马上问他情形。曾国藩报告了经过，亲王问他在便殿里有没有看见什么东西？曾国藩仔细回想，除了皇帝的座位和锦墩以外，的确没有另外看见什么东西。这位亲王昕后说："糟了！"赶紧跑进宫里，找到便殿当值的太监，送上红包。结果打听出来皇帝座位后面的墙上，挂了一张很小的字条，上面写的是"朱子治家格言"。亲王就回来告诉了曾国藩，而且告诉曾国藩，他向皇帝保荐的话是"胆大心细"四个字，胆大是不易测验的，除非教他去打仗，而心细则可测验的。果然过了几天，咸丰又召见曾国藩问起这张朱子治家格言的事，这时曾国藩当然答得不会含糊了。因而得到咸丰的赞许，把曾国藩的名字记下来，而曾国藩也由此因缘，成了清代的中兴名臣，这是野史上的记载。

　　第二件事，是胡林翼的故事。当时湖北的巡抚文官，是一个满人。清代的制度，因为始终有种族的观念，巡抚（相当现在的省主席）如果是满人，而军门（相当现代的保安司令）则是汉人。反正在省的一文一武两大首长，一定是一个汉人，一个满人。在调兵的时候，巡抚和军门提督，两人都要签名，光是一个人签名，则调不动兵，如此以为互相牵制。所以当时打太平天国，也很麻烦的。当时湖北的文官是一个糊涂虫。有一天文官的第五姨太太作寿，胡林翼听说是抚台的夫人作寿，胡林翼身为军门提督，分嘱部下，不得不去，他本人虽然也可以不到，不过胡林翼还是去了。在巡抚衙门前，刚一下轿的时候，看到一个人身穿朝服，从里面出来，一脸怒容，上轿走了。胡林翼打听是怎么回事，人家报告，这位官员很有骨气，因为听见巡抚夫人生日，前来作寿，到了以后，知道只不过是五姨太的生日（当时多妻制，一人可以娶几个太太，但元配以外的姨太太，是没有地位，被人看不起的），所以没有进去拜寿，上轿就走了。大家称赞这位官员了不起，到底是读书人，有品格，有骨气！可是胡林翼把"马蹄袖"一抹，投了一张名卡，还是进去拜寿了。以胡林翼当时的声望名气，他亲自前往拜寿，文官和他这位最得宠的最小姨太太，都高兴得很。文官吩咐这个姨太太，第二天就去回拜胡林翼的老太太，拜胡林翼的母亲为干妈。从此以后，胡林翼打太平天国，就可随便调兵。像胡林翼这种人，绝对是正派的人，但是为什么这样做？这就是权术，没有办法不如此做，要想事业成功，有时候也不能呆板地拘小节，问题在动机如何，他的动机绝不为私。如果不用这个方法，敌人打到门口了，还调不动兵，怎么去打仗？所以在这种小事上马虎一点，反正母亲收了一个干女儿，总不吃亏。所以上面这句话："臣有事左右以求进，托重臣以自结，可不虑之以伪乎？"这句话，也不是呆板的，要看实际的情形，如何运用，动机何在而定。

……

臣有和同以谐取，苟合以求进，可不虑之以祸乎？

有干部"和同"，什么是"和同"？这两个字，本来出自老子的"和光同尘"，意思是说，一个修道的人，不要特别把自己标榜得了不起，要和普通人一样，你修道者的光明也和普通人一样。"尘"就是世俗人，社会一般人，尘世之间，大家都吃饭，而你一个人非要买包子吃，这又何必呢？将就吃一点就好了嘛。这本来是"和光同尘"的意思，可是道家这一思想，后来被引用，就变成"太极拳"——圆滑的观念了，人说白的是黑的，我也马马虎虎说是黑的，跟着乱滚，也被称作"和同"了。"谐"就是配合得好，相同得好，如唱歌、作诗的"谐音"。这里是说，有些干部圆滑得很，"太极拳"马马虎虎应付一下，只要配合主管的要求，什么都来，只要对他自己前途有利的就干，这种心理发展下去将来就是一个祸害。到了利害关头，一点气节都没有，什么事都可以做得出来。

……

臣有悦主意以求亲，悦主言以取容，可不虑之以佞乎？

有的干部只做上面老板喜欢的事，专说老板喜欢听的话，以求得他欢心，取得他的亲信。这种就是佞臣。

上面是《长短经》作者，对桓范《世要论》的引述。一个领导人，在防恶上，应该注意考虑到的九种原则、九个顾虑，也是人物的分类，该注意到的。

读书千万不要被书所困，一切的运用全在自己。像这一类的书读多了以后，等于医学的常识丰富了以后，连一杯水都不敢喝，深怕有传染病，法律学多了以后，连一步路都不敢走，动辄怕犯法。而对于"九虑"这些东西看多了，连朋友都不敢交了。其实只要我们把握了大原则，相信少数人，不伤任何人，爱护所有人，凡事但求心安就好了。

忠奸之辨

下面是举很多实例了。

这是一篇大文章，但是古人写文章的分类，不像现在的观念，现在写文章的层次，往往是宗旨、要点、原则、引申，古人则大异其趣。

> 子贡曰：陈灵公君臣宣淫于朝，泄冶谏而杀之，是与比干同也，可谓仁乎？子曰：比干于纣，亲则叔父，官则少师，忠款之心，在于存宗庙而已，故以必死争之，冀身死之后，而纣悔寤；其本情在乎仁也。泄冶位为下大夫，无骨肉之亲，怀宠不去，以区区之一身，欲正一国之淫昏，死而无益，可谓怀矣！诗云：民之多僻，无自立僻，其泄冶之谓乎？

这里是子贡和孔子问答的一段话（这段话在"四书""五经"里是看不到的，要在其他的书里去找，所以真要研究孔子思想是相当困难的，我们不要以为看了"四书""五经"，就懂了孔子的思想，有一本清人编的《孔子集语》，将孔子所讲的话，如《庄子》等引用孔子的话和有关的很多事，都收集在这里，所以现在也可以走取巧的路线，看这本书，勉强可以把孔子一生，多了解一点，免得到处找资料）。

这段书我们暂且搁在这里。要先了解一件事情：我们知道，春秋战国在陈灵公的时候，有一个女人，后世称她为"一代妖姬"，名夏姬，是当时的名女人，好几个国家，都亡在她身上。据说她好几十岁了都还不显得老，许多诸侯都被她迷惑住了。她在陈国时，陈灵公和几个高级干部，就和夏姬宣淫于朝，于是陈国的另一位大臣泄冶，就向他们提出谏议，责备他们不应该这样做。陈灵公自己理亏，对泄冶没有办法，就买通一个刺客，把泄冶刺死了。

这段书，就提到了这段历史，有一天子贡问孔子说：泄冶的这个行为，同纣王时代的比干一样，泄冶这个人，是不是可以说合于仁道？孔子说，这两个人并不相同。因为比干之于纣王，在宗法社会，讲私的方面，他们是皇亲，比干是纣王的叔父，讲公的方面，比干的地位是少师，等于皇帝的顾问。在宗法社会的政治制度下，他是为了殷商的宗庙社稷，所以他准备牺牲自己，所谓"尸谏"，希望自己死了以后，使纣王悔悟，所以比干当时的心情，是真正的仁。在泄冶就不同了，他只是陈灵公的部属，地位不过是个下大夫，勉强比喻等于现代简任初级的官位，并没有私人血统上亲密的关系，而陈国这样一种政权，在孔子看来，是一个君子就应该挂冠而去，可是泄冶没有这样做，还在怀宠。以他这样的地位，用区区一个身体，想要影响上面的昏乱，这是白死，也算不上忠，只是"怀"而已,他的胸怀里,爱国家的心情,还是有的,至于说到仁道,却并不相干,所以孔子引用诗经上两句话:"民之多僻,无自立僻。"一般人当走到偏僻的狭路上去的时候,是没有办法把他立刻挽回的,泄冶就是不懂这个道理,方法不对,白丢了一条命。

这是引证一段历史的经验,说明部下与长官之间争执时处理的方法。

或曰:叔孙通阿二世意,可乎?司马迁曰:夫量主而进,前哲所题,叔孙生希世度务,制礼进退,与时变化,卒为汉家儒宗,古之君子,直而不挺,曲而不挠,大直若诎,道同委蛇,盖谓是也。

这是另一个历史故事。汉高祖平定天下以后,最初是没有制度的,每天上朝开会,文官武将和他吵,乱七八糟,简直没有办法,而叔孙通本来是秦始皇时代的一个儒生,他为了要保持文化道统,也曾跟过楚霸王,意见行不通,后来跟随汉高祖。而汉高祖也是拿读书人的帽子当便壶用的,见读书人就骂,所以叔孙通最初连饭都吃不上,什么气都受。有学生问起什么时候才能达到保持文化道统的目的,叔孙通说不必心急,现在是用武力打天下的时候,用不着我们读书人。

等到汉高祖平定了天下,他去见汉高祖,建议制定礼法,汉高祖曾经斥他说:"乃公天下马上得之"——意谓:"格老子,我的天下是骑在马上打来的,你读书人算什么?去你的!"这时叔孙通就顶他了:"陛下天下可以马上得之,但是不可以马上治之。"就是说:"天下你是打来了,但是将来治理天下,不能永远打下去呀!"汉高祖这种人,在历史上是真正了不起的领袖,个性固然强,可是别人有理由,他一定会听。所以听了这话认为有道理,问该怎么办?叔孙通于是说我替你拟订计划，建立制度。汉高祖立刻答应，教他去办。几个月以后，把所订的制度礼仪"朝班"都演习好了，再请汉高祖出来坐朝，汉高祖一上朝，那种仪式，那种威风，真和当年打仗乱七八糟的不同。俨然是大汉皇帝的气派。这时他这一舒服，才知道读书人有这么大的用处。

这里是引证，当汉高祖还没有起来，秦始皇焚书坑儒时，叔孙通有办法自保：在秦始皇死了，二世接位以后，召集知识分子开会，向大家说，据说外面在造反，有没有这回事？那些知识分子听了以后，都说真话，说外面有许多人在造反，并劝二世改过，惟有叔孙通说，外面没有造反，只不过是些小偷而已，是乱传话说造反的，二世听了叔孙通的话，认为很对，非常高兴。可是叔孙通讲过这个话，自己就溜走了，他知道秦朝这个政权没有希望了。所以这里提到叔孙通"阿二世"（阿就是阿谀，拍马屁，阿曲，歪曲事实，将就对方的意思。所以古代一个知识分子，在写文章时，都不随便下笔，社会大家认为对，自己认为错了，就不应该随便跟大家的意见写，如果跟着大家人云亦云，就是"曲学阿世"，违反真理。拍社会、拍时代的马屁是不应该的，这是中国读书人的精神），是一个知识分子应该的吗？《长短经》的作者，于是引证司马迁对这件事的批评，也就是他在史记上留给我们后人，对历史的看法。

刚才说过了叔孙通对历史的关键之举，如"朝班"的制度，自汉代由他建立以来，虽然历代各有不同的沿革，但一直到清朝末年，实行了几千年。我们再从文化史的观点来看，叔孙通是了不起的人物，自汉代以来，这几千年当中，实际上的政治体制思想，一直受他的影响。所以司马迁反对一般人对叔孙通小节方面的批评，他是从大处着眼下笔，他说叔孙通"量主而进"，从这句"量主而进"，我们就看到，王充说《史记》是一部"谤书"，毁谤汉朝的大著作，换句话说是毁谤历史的大著作，但在当时不大看得出来。如用的字句，司马迁是斟酌又斟酌，像"量主而进"这四个字，用得非常好。就是后世说的"良禽择木而栖，良臣择主而事"。好的鸟如凤凰，绝不随便落在一般树上，一定落在梧桐树上，否则宁愿停留在半空盘旋，绝不下来。一个人则择主而事，古代君臣、主仆的关系分得很清楚。"量主而进"就是测量测量老板，跟随他有没有意义，前途有没有希望。"前哲所韪"前辈的哲人——代表贤人、圣人、有道德学问的人，都认为这样是对，是应该的原则。这两句话八个字，已经把一般人对叔孙通的评论推翻了。

司马迁再为这个"生"字作申论说：叔孙生希世庶务——叔孙生的"生"字是"先生"的意思——就是说叔孙通在秦始皇这个时代，为了要继承文化，不致中断而流传下去，希望有个好的社会，执行正统的文化，等到好的时代来了，好做一番事业，制定文化精神的体制。进退之间，他看得很清楚，在秦始皇这个时代，他没有办法，只好跟着时代变，并没有完全依照古礼，所以他非常懂得适应时代的环境，以应变达到最后的目的，结果目的都达到了，他跟随汉高祖，最初在汉高祖忙于军事的时候，等于当个附员，闲的差事，拿一点薪水，维持最低限度的生活。到后来，他开创了汉朝的文物制度，成为汉代的儒宗。

司马迁更进一步引申，古代所谓君子之人，"直而不挺"，像一棵树一样，世界上的树都弯下去，只有这棵树是直的，但这棵树也很危险，容易被人砍掉，所以虽然直的，但有时软一点而并不弯曲。自己站住。站住以后，在这种时代也是很难处的，不愿意跟大家一起浮沉，就显得特别，特别了就会吃亏，还要配合大家，但配合大家，和大家一样又不行。在"致曲则全"的原则下，必须保持着一贯的中心思想。所以真正直道而行的人，就"大直若诎"，看起来好像不会讲话。"道同委蛇"，作人的法则，好像太极拳一样，跟着混，而结果达成他的目的，这就是叔孙通的做法，结果他不但开创了汉朝四百年的制度，更影响了中国几千年的制度。

这是说臣道的宗旨，一个人在时代的变化中间，为社会、为国家、为民族文化、为个人，要站住已如是之难，站住以后要达到一个为公的目的就更难了。

……

> 议曰：太公云，吏不志谏，非吾吏也。朱云廷诘张禹曰，尸禄保位，无能往来，可斩也。

这里又提出一个问题来讨论。朱云和张禹两人，都是汉成帝的老师，当时正是王莽家族用权的时候，民间怨恨到极点，各处的报告，反映到朝廷的意见，都被张禹把它压下去，不提出来。所以朱云就当着皇帝的面，诘问张禹，说张禹对下面这么多意见，不提出来报告皇帝，像死人一样占住一个位置，只想保住自己的官位，什么事都没做，使上下的意见都不沟通，应该杀了他。这是引述的一段历史故事。

> 班固曰：依世则废道，违俗则危殆，此古人所以难受爵位。由此言之，存与死，其义云何？

班固是依照司马迁著《史记》的路子而著《汉书》的，他讨论历史，提出这个意见，认为作人处世很难，跟着社会时代走，就违背了传统的道，违背了自己文化的精神，可是硬不跟着时代走，违背一般世俗的观念，本身就危险，至少这一辈子没有饭吃，会把自己饿死，这是事实。像电视节目，我们认为不好的，可是广告收入好，我们认为好的，可没有广告了，电视公司就要喝西北风，也就是这个道理。所以中国的古人，想要请他出来做官，他不要，为什么不要？为什么清高？他既然出来，就要对国家社会有所贡献，估计一下如果贡献不了，又何必出来？所以就不轻易接受爵位了。这是古人，若是现代的人可不管这许多了，有人给一个顾问名义，也就挂上，尽管不拿钱，还可出名哩！时代不同了！古人传统文化的观念，如果担任了名义，而无法有贡献，就宁可不接受。那么由这个道理看起来，推论下去，一旦面临生和死之间的抉择，有时候连这条命也要交出去了，就是说生与死之间的哲学的意义，该怎样讲法？

> 对曰：范晔称夫专为义则伤生，专为生则塞义。若义重于生，舍生可也；生重于义，全生可也。

作者于是引用刘宋一位学者范晔说的话，他说一个人一天到晚，专门讲文化道德义理之学，那么连饭都吃不饱，谋生的办法都没有。但是如果专讲求生，义理就堵住了。我们看看现在的人，为生活、为前途，什么事情都可以干，只要钱赚得多，都可以来。古人往往以义作为行事的准则，如果认为死了比活着更有价值，就可以一死！但有时候，做忠臣并不一定非死不可，中国的老话"留得青山在，不怕没柴烧"，硬要留住这个青山。譬如被敌人包围了，在生死之间，事实上生重于死，忍辱苟生，将来能够做一番比死更重大、更有价值的事情，那么不一定要死，全生可也。相反地，就非求死以全节不可了。

这个问题还没有讨论完，又提出一段历史故事：

> 或曰：然则窦武、陈蕃，与宦者同朝廷争衡，终为所诛，为非乎？

汉代最有名的祸乱是宦官，明朝的祸乱也是宦官。我们中国历史上的祸乱，差不多都离不开外戚、宦官、藩镇三大原因。在汉朝就亡在外戚、宦官两个因素上。王莽就是外戚。唐朝亡于藩镇（权臣），明朝亡于宦官，魏忠贤这些人都是宦官。只有清朝对于这三个祸乱因素都防范得很严谨。宦官干涉了政治非杀不可，多说一句话都要被杀。清朝的实录，雍正遵祖宗的规制，他有一个最喜欢的戏子，有一天这个戏子问雍正皇帝，扬州的巡抚是哪一位。雍正一听发了火："你怎么问这个问题！"就把这个戏子推出去杀了！看起来雍正的手段毒辣，事实上问题很大。一个平常玩玩的戏子，居然问起地方的首长是谁，可见有人在暗中拜托了什么事情。这还得了，固然处得很严厉，但是看了历史上这些关于宦官为害的可怕事情，非这样办不可。

事实上何必要当皇帝才如此，许多人都会有这类经验，就是当上一个小主管，这类问题都来了。太太娘家的人，来说说话托个人情，你说怎么办？不答应，太太天天和你吵，难道为此和太太离婚吗？这是内戚之累。或者跟了你很久的人，有事总要替他安顿安顿。这情形也和"宦寺"差不多。另外藩镇，好比下面的科长、股长，做得久了，公事又熟，出些问题，真没办法。个人尚且如此，何况大的国家？

后汉时代窦武与陈蕃，两个有名的人，以及明朝的有些大臣，硬是不买账，结果还是死在这班宦官手里，那么照前面的理由看起来，窦武、陈蕃这些人做得不对了吗？

范晔曰：桓灵之世，若陈蕃之徒，咸能树立风声，抗论昏俗，驱驰岨峡之中，而与腐夫争衡，终取灭亡者，彼非不能洁情志，违埃雾也。悯夫世士，以离俗为高，而人伦莫相恤也。以遁世为非义，故屡退而不去。以仁心为己任，虽道远而弥厉，及遭值际会，协策窦武，可谓万代一时也，功虽不终，然其信义足以携持世心也。

这段还是引叙范晔的话，来答复前面的问题。读过诸葛亮的《出师表》，就会知道汉桓帝、汉灵帝这两个皇帝了。《出师表》上提到刘备最难过、最痛恨的，就是他这两位老祖宗。这两位汉代皇帝，和宋代的徽宗、钦宗父子一样。宋徽宗做一个艺术家蛮好的，他的绘图、书法都很好，可是命苦，当了皇帝就非变成俘虏不可。

范晔所说这个历史的故事，举出窦武和陈蕃这两位后汉的名臣。当时发生了党祸，他们两人想挽回时代的风气，但是陈蕃却因窦武的党祸案子而牺牲了。这里范晔的论点是说，在桓灵这个时代，像陈蕃这种人，学问好，有见解，有人品，知识分子个个仰慕他，他个人所标榜的，已经树立了风气、声望，成为一个标杆。对当时昏头昏脑过日子的世俗抗议，他的那种思想、影响力，在最危险的社会风气中、政治风浪中，像跑马一样，和那些明知道不对而又不敢说话的懦夫争衡，结果把生命赔进去了。以他的聪明学问，并不是不能做到洁身自好，明哲保身，而是他不愿意这样做。因为他想要提倡伦理道德，人类的社会就要有是非善恶，他悲悯当时世界上的人，一些知识分子，看到时代不对了，尽管反感极了，而只是离开世俗，明哲保身，逃避现实，没有悲天悯人之意，人伦之道就完了。所以他反对这些退隐的人，认为退隐不是人生的道理，于是他有机会可以退开，他还不走，而以"天下兴亡，匹夫有责"的精神，以仁心为己任，明知道这条路是很遥远的，还是非常奋发、坚定，所以一碰到政治上有改变的机会，就帮忙窦武，而把命赔上了。这样的死，是非常值得的，以历史的眼光来看，把时间拉长，把空间放大。他这生命的价值，在于精神的生命不死，万代都要受人景仰，虽然他没有成功，但是他的精神、正义足以作为这个世界的中心。

> 议曰：此所谓义重于生，舍生可也。

这里的结论是，当觉得死了比活着更有价值，这个时候唯有牺牲自己。这是理论，这种理论想要真正变成自己的思想和观念，则并不简单。能在必要的时候付诸实施，更是难之又难。

上面的这些历史故事，都是说"臣行"的，所谓臣行，也就是人臣的自处与处事之道。一个人做事对自己的立场要认识清楚。

下面继续提出臧洪死张超之难的故事，讨论他是不是可称为义。臧洪死张超之难故事的原文，在这段文章的后面，用括号引述出来了。我们必须先了解这个历史故事的实际经过情形，然后再说它的道理。在这里大家一定会奇怪古人写文章为什么这么别扭，把论理的文字，写在前面，而把所讨论的历史故事，写在后面。这是因为古人认为这些历史故事，每一个读书人都知道了，假使先叙述故事，再论道理，在古代认为这是丢人的事，甚至认为作者看不起人，好像表示别人对历史都不懂，只有他懂似的。因为中国古代读书人，大多都对历史典故很熟。现在可不同了，一般写论文，都是东抄西抄一大堆，写出来的意见，不是作者的，而是抄来的。这是古今之不同。其次，古人有时引述的历史故事，在文章中等于现在文体的注解，所以放在正文的后面，这是我们对于古今文体需要了解的地方。我们是现代人，就走现代的路线，从后面读起，先把这段历史故事了解，等一下再回过来看它对这个故事的评论。

> 昔广陵太守张超委政臧洪，后袁绍亦与结友，及曹操围张超于雍丘，洪闻超被围，乃徒跣号泣，勒兵救超，兼从绍请兵，绍不听。超城陷，遂族诛超，洪由是怨绍，与之绝，绍兴兵围之，城陷诛死。

这是三国时的事。广陵是现在的江苏扬州一带。张超是当地的太守,他把地方的政事交给了臧洪,后来袁绍也和他做朋友。有一次曹操在雍丘(现今河南杞县)这个地方,把张超包围起来。臧洪听到这个消息,因为张超是他的朋友,又是长官,所以就光着脚,哭着到处替张超求救兵,一面自己也出兵。同时因为袁绍是朋友,也向袁绍求救兵,可是袁绍没有理他。结果张超被曹操消灭了,全族都被杀了。臧洪就为这一件事情恨透了袁绍,而和他绝交了。朋友变成了冤家,于是袁绍又兴兵围攻臧洪,破城以后,臧洪也被杀掉了。

　　议曰:臧洪当纵横之时,行平居之义,非立功之士也。

后来一般人讨论这件事,就认为臧洪自己莫名其妙,头脑不清楚,当三国那个时代,正是所谓纵横时代,等于战国时候一样,是没有道义的社会,谈不到要为哪一个尽道义,立身于社会中,对当时的环境看不清楚,在纵横的时代,而去讲道德、讲仁义,乱世中去讲太平时候的高论,当然搞不好,这就是所谓:"居今之时,行古之道,殆矣!"在现在的时代,要想实行三代以上的礼乐之道,是走不通的。因此也可以看到孔子的思想,并不呆板,他教我们要赶上时代。"当纵横之时,行平居之义,非立功之士。"就是对臧洪的结论,这样做,如果想立功、立业、救时代、救社会,是办不到的。

现在再回过来看《长短经》的作者,对臧洪这件历史故事的评论,他首先提出问题:

　　或曰:臧洪死张超之难,可谓义乎?

假定有人问臧洪这样为张超而死,够不够得上是义气?于是他引用范晔的话:

> 范晔曰:雍丘之围,臧洪之感愤,壮矣!相其徒跣且号,束甲请举,诚足怜也。夫豪雄之所趣舍,其与守义之心异乎?若乃缔谋连衡,怀诈算以相尚者,盖惟势利所在而已。况偏城既危,曹袁方睦,洪徒指外敌之衡,以纾倒悬之会,忿恨之师,兵家所忌,可谓怀哭秦之节,存荆则未闻。

范晔是说,曹操围攻雍丘,消灭张超,当时臧洪为了朋友,到处请兵,可以说是一种壮烈的情操。而他赤了足,奔走号哭的行为真值得同情。因为英雄豪杰,在某种环境之下,对于是非善恶的取舍,与普通一般人的讲究仁义,在心理上是两样的(读古书到这里,要想一下,为什么豪雄之所趣舍,其与守义之心异乎),我们可以引用西方宗教革命家马丁路德的名言:"不择手段,完成最高道德。"为了达到最高的主义,最高的理想,有时候内心尽管痛苦,也不得不作些小的牺牲。在平时作人也如此,假定现在朋友、同事之间,家庭有了困难,即使下雨下雪,没船没车,走路也得赶去帮忙。但到了一个非常的时候,自己有大的任务在身,那恐怕就不能顾全这个朋友之间道义的小节了。所以孔子说:"言必信,行必果。硁硁然,小人哉!"这个话就很妙了。孔、孟之道,总是教人忠信,讲话一定兑现,做事一定要有结果,而孔子却又说,这样事事固执守信的,只是小人。这么说来,是不是言不必行,讲的话,过去了就算了吗?并不是这个意思。读书最怕如此断章取义,必须要看整篇,才知道孔子这几句话的意思。也就是说,大丈夫成大功,立大业,处大事,有个远大的目标必须要完成的时候,有时就不能拘这些小节,小节只是个人应做的事。如为国家民族做更大的事,个人小节上顾不到，乃至挨别人的骂，也只好如此。

另外一个观念：

> 若乃缔谋连衡，怀诈算以相尚者，盖惟势利所在而已。

在三国的时候，袁绍、曹操、张超这一班人，和任何乱世时代，据兵割地称雄的人，都是一样，有时双方和平订约了，有时候双方又打起来，也和我们现代的国际局势一样，这是个非常时期。每逢一个非常时期，不要以为国际之间有道义信用，实际上都是在作战，利害相同就结合，利害不相同就分手了。每个人都是在打自己的算盘，只要形势上有需要，利害上有关系就做，这是当然的情形。在这样一个时代中，如果这一点看不清楚，而去与人讲道义，就只有把命赔进去了。更何况，像三国时候，那种地方军阀互相割据的战争局面下，雍丘是一个非常危险、孤零零的偏僻地方，臧洪只知道自己的朋友张超被曹操毁了，以为袁绍也是朋友，去请袁绍帮忙，却不知道曹操与袁绍之间，因为利害的关系，已经结合了。这就是说臧洪的头脑不够，对时势分析不清楚，如何去做好这工作？他想借袁绍的兵，把曹操打垮，这是很危险的。像吴三桂借清朝的兵打流寇，结果就成了满人的天下。再以中国的军事哲学——《孙子兵法》的思想来讲，不冷静地先求"谋攻"的关键，只是感情用事，以个人忿恨的私见，影响到作战的决策，头脑就昏了，心理上情绪的悲哀、怨恨，是军事学上的大忌讳。这不只是限于军事，在工作上有时碰到紧急困难的时候，个人的情绪忿悁之中，特别要注意，必须把这种情绪先除去，然后才能够冷静，才能把事情分析得清楚，"谋定而后动"，而像臧洪这样"徒跣且号，束甲请兵"，和以前战国时候，吴楚之战，楚被吴打垮了，楚名臣申包胥到秦国去请救兵，在秦庭哭上七天七夜的情形是一样的。这样对个人节操而言是对的，但对事情而言,这是没有用的。不能解决问题。这里历史的经验告诉我们,个人做人的情操是一回事,处理事情的观点、看法、智慧的决定,又是另一回事。如申包胥哭秦庭的故事,在他个人,是成了千秋万世之名,但为楚国着想,借了外力秦兵去打吴国,前门驱狼,后门进虎,也不是好办法,还没有听说过这样能复国图存的。

……

或曰:季布壮士,而反摧刚为柔,髡钳逃匿,为是乎?

大家都知道一诺千金,是季布有名的历史故事,这位先生是了不起的。他年轻时是一位非常有号召力的游侠之士,后来跟随项羽,作战非常勇敢。有一次把刘邦打垮了,追击刘邦,差一点就可以砍到刘邦的马尾。后来刘邦得了天下,最恨的也是季布,所以悬重赏缉捕季布,同时下令,藏匿了他的要诛全族。在这样严缉之下,季布就到山东一位大侠朱家那里卖身做佣人。朱家一看见季布,就看出来了,把他收留下来。到晚上再把季布找来,做个别谈话,要他说老实话。季布说,你既然知道了,就随你办,向刘邦报告,就可以得重赏乃至封侯。朱家当时就安慰他,绝对不会这样做。同时告诉季布,这样逃匿不是办法,总有一天会被发现的。朱家本来就和刘邦这些人很熟,他和季布商量同意,将季布扮成车夫,朱家带他去见刘邦。到了长安以后,这一班帮助汉高祖打天下的老朋友都宴请朱家,问他到长安有什么事,当然,都知道他不想做官,也不会要钱。朱家就要他们转告刘邦,季布这个人,年轻有为,是个将才,是个可以大用的豪杰之士。当年和项羽打仗的时候,季布追杀刘邦,是各为其主。项羽完了,就不必再视季布为仇敌,现在通令全国抓他,这样逼迫,他被逼紧了,不是向南边逃到南越,就是往北边逃往匈奴(因为那时刘邦所统一的天下,只限于中原一带,至于长江以南的两广、云贵一带，南越王赵佗，和汉高祖同时起来的，虽已称臣，并未心服；北方的匈奴，也随时要侵犯中国的），这样平白地送给敌人一名勇将，给自己增加一个最大的祸患，这又何苦？朱家说，现在就为这事而来。这班大臣们向刘邦报告以后，汉高祖听说是朱家来说的，就取消了通缉令，并且给季布官做。所以后来季布又成了汉朝的大将，而且非常忠于汉室。可是如果没有朱家这一次出来说话，还是不行。而朱家说妥了这件事，仍然回山东过他的游侠生涯去了，不要功名富贵。所以侠义道的精神，在中国的历史上始终是存在的。这里是说，季布失败以后，毫无办法，英雄的豪气都没有了，窝囊地做苦工，头发胡须弄得乱七八糟，不该去躲藏的地方也去躲藏，偷偷摸摸过日子，这样对吗？以中国文化精神来说，一个真正的英雄壮士，失败了就自杀算了。在那个时候说来，季布既是壮士，失败后却窝囊的过逃亡日子，这是对的吗？

对于上面这种一般看法的问题，下面引用司马迁的话作答案：

　　司马迁曰：以项羽之气，而季布以勇显于楚，身屡典军，搴旗者数矣，可谓壮士。然至被刑戮，为人奴而不死，何其下也？彼必自负其材，故受辱而不羞，欲有所用其未足也，故终为汉名将。贤者诚重其死，夫婢妾贱人，感慨而自杀者，非勇也，其计尽，无复之耳。

司马迁说，当项羽与刘邦争天下的时候，以项羽的那种力拔山兮的气概，而季布却仍然在楚国能以武勇，显名于天下，每次战役中，带领部队作先锋，身先士卒，一马当先，多少次冲入敌阵，夺下对方的军旗，斩了对方的将领，可说是一个真正的壮士。可是等到后来项羽失败了，汉高祖下命令要抓他来杀掉的时候，却又甘心到朱家那里当奴隶，而不自杀。从这点看起来，季布又多么下贱，一点壮志都没有。其实，季布这样做法，并不是自甘堕落，他是有自己的抱负，自认有了不起的才华，只是倒霉了，当初找错老板，心有不甘。所以当项羽失败了，愿意受辱，并不以为羞耻，因为还是要等待机会，发展自己的长处，所谓"留得青山在，不怕没柴烧"。所以他最后还是成为汉代的名将。由他的经历做法，就看出了他的思想、抱负，他觉得为项羽这种人死，太不合算。一个有学问、有道德、有见解、有气派、有才具的贤者，固然把死看得很严重，但是所谓"死有重于泰山，有轻于鸿毛"。并不像一般小人物一样，为了一点小事情，就气得上吊，这种人的心理，觉得没有办法再翻身了，走绝路了，心胸狭窄，所以才愿意去自杀，而怀抱大志的人，虽然不怕死，但还是要看死的价值如何，绝不轻易抛生的。

  议曰：太史公曰：魏豹、彭越，虽故贱，然已席卷千里，南面称孤，喋血乘胜，日有闻矣。怀叛逆之意，及败，不死而虏，囚身被刑戮，何哉？

  这段历史是刘邦、项羽，作楚汉之争的时候，魏豹和彭越这两个人，有部队，能作战、是名将，有举足轻重的威势，他在楚汉之间，靠向谁，谁就获胜。萧何、张良、陈平，这几个文人，却用反间计，掌握了这些摆来摆去的人。但是魏豹他们，都是太保、流氓、土匪出身的，有如民国初年各地的军阀，有的是贩马的、卖布的出身，可是他已经能席卷千里，南面称王。力量稳固以后，带了兵，喋血乘胜，天天都是他得意的时候。这种土匪、流氓出身，投机起家的分子，始终怀叛逆之意，始终不安分，这些人是唯恐天下不乱的，在乱世他们才有机可乘，才有办法，社会不乱，他们就没有办法。等到失败了，这种人不会自杀而宁愿被俘虏，身遭刑戮而死，这又是什么道理？

中材以上，且羞其行，况王者乎？彼无异故，智略绝人，独患无身耳，得摄尺寸之柄，其云蒸龙变，欲有所会其度，以故幽囚而不辞云。此则纵横之士，务立其功者也。

像这样的行径，就是中等以上的人，都会觉得羞耻，而更高的王者之才，更不会这样。如项羽失败了，就以无面见江东父老而自杀了。但这些人失败以后，不死而虏，落到身被刑戮的结果，没有别的缘故，他们自视有智慧才略，所以愿意被虏，希望将来还能够上台，抓到兵权或政权，实施他的理想，云蒸龙变（根据《易经》的道理，"云从龙，风从虎"，当老虎来的时候，会先有一阵风过来，龙降的时候，一定先起云雾。所谓云蒸龙变，就是形容一个特殊人物出现时，如龙出现一样，整个社会都会受影响而转变），所以他们不愿轻易牺牲，宁愿被虏。而希望得到机会，能发展自己的抱负、理想，这就是贾谊所说的："烈士殉名，夸者死权"的心理，只想自己如何建功立业为目标，而至于自己个人，受什么委屈都可以，绝对不轻易牺牲。这也就是乱世多纵横捭阖之士的功利主义。

又"蔺公赞"曰："知死必勇，非死者难也，处死者难，方蔺相如引璧睨柱，及叱秦王左右，势不过诛，然士或怯懦不敢发，相如一厉其气，威信敌国，退而让廉颇，名重太山，其处智勇，可谓兼之矣！"此则忠贞之臣，诚知死所者也。

这里再引用司马迁对蔺相如的赞。"赞"是旧式文章的一种体裁，所谓"赞""颂"等都是在一篇传记后面的一个评论。司马迁在《蔺相如列传》之后，评论的几句话说，蔺相如知道自己非死不可。如今日做敌后工作的人，最后可能就是死亡，明知道做这工作是死，而决心去做,这须要大勇。但是死本身并不是一件困难的事,而是对死的处理,对于这一下应该死或不应该死的决定,这一处理,不但要有大勇,还要有大智。所以在死以前,应该做怎么样的决定,这才是最难的事。现在蔺相如在秦庭和秦昭王当面争论抗衡的时候,不把和氏璧交给秦昭王,手上捧着和氏璧,眼睛看着柱子,准备自己碰上去,把自己的生命和那块玉一起碰毁,回过头来骂秦昭王和他的左右。而蔺相如并没有武功,那一种情势的最后结果,不过是被杀头而已,所谓除死无大事。可是,人在这种情形下,能做出这种决定来是最难的。一般人在这个情形下,一定是懦弱胆小,拿不出这种勇气的。其实有时候,在某种情况下,胆子小,拿不出勇气来,最后还是死,死了还挨骂。而蔺相如这时,却大发其脾气,反而把秦昭王震慑住了。后来蔺相如回到赵国,因这件事的功劳,官做得和廉颇一样大,廉颇心里不服气,处处和他过不去,等于大元帅和首相不睦,但是蔺相如不管廉颇怎样侮辱,他都躲开。有人问蔺相如为什么这样怕廉颇。蔺相如告诉他们,一个国家如果文臣武将之间有了意见,国家就危险了。现在秦国不敢来打,就因为有我和廉颇两个人在,如少了一人,国家就完了。后来这个话传到廉颇耳里,他心里很难过,知道自己都在蔺相如的包容之中,因此自己背根荆条去向蔺相如跪下来请罪,而变成了好朋友。由此看蔺相如的智慧、修养,真是智勇双全。而《长短经》的作者,则引用司马迁的这段赞词,从另一个观点批评说,像蔺相如这种人,就是忠贞之士,对于应该在什么时候、什么地方、什么事情上不怕死,对什么事情应该不轻言牺牲,他都有正确的自处之道,这需要大智慧、大勇气,并不是盲目的冲动。

管子曰:"不耻身在缧绁之中,而耻天下之不理;不耻不死公子纠,而耻威之不申于诸侯。"此则自负其才,以济世为度者也。此皆士之行己，死与不死之明效也。

　　这里是引用管仲的一段自白来作评论。大家都知道管仲是齐桓公的名相，可是最初管仲是齐桓公的敌人，情形和季布与刘邦间的关系是一样的。管仲本来是帮助齐桓公的劲敌也是兄弟公子纠的，管仲曾经用箭射齐桓公，而且射中了。只是很凑巧，刚好射在腰带的环节上，齐桓公命大没有死。后来齐桓公成功了，公子纠手下的人，都被杀光了。找到管仲的时候，管仲把手在背后一反剪，让齐桓公的手下绑起来，自己不愿自杀，而被送到齐桓公面前。因为他心里清楚，有一个好朋友鲍叔牙，在齐桓公面前做事，一定会保他。齐桓公一看到他，果然非常生气要杀他。鲍叔牙就对齐桓公说，你既然要成霸主，要治平天下，在历史上留名，就不能杀他。鲍叔牙这一保证，齐桓公就重用了他（当然也要齐桓公这种人，才会这样做），后来果然做了一代名臣。可是有人批评管仲，管仲就说：人们认为我被打败了，关在牢里，变为囚犯是可耻的，我却不认为这是可耻的。我认为可耻的是，一个知识分子活了一辈子不能治平天下，对国家社会没有贡献。人们认为公子纠死了，我就应该跟他死，不跟他死就是可耻。但我并不认为这是可耻的，而我认为我有大才，可以使一个国家称霸天下，所以在我认为可耻的，是有此大才而不能使威信布于天下，这才是真正的可耻。

　　《长短经》的作者于是作结论说，像管仲这一类的思想，绝不把生死之间的问题看得太严重，因为他自负有才能，目标以对社会，对国家，对天下，济世功业为范围。所以上面所提的泄冶以迄于管仲的这些历史经验，都是说明知识分子，对自己一生的行为，在死与不死之间，有很明白的经验与比较。

　　……

或曰：宗悫之贱也，见轻庾业，及其贵也，请业长史，何如？

这是说另外一个历史故事：在《滕王阁序》里，提到过宗悫这个人，"有怀投笔，慕宗悫之长风"所说的宗悫就是这个人，他是刘宋时代人（历史上的"宋代"分辨起来很讨厌。宋有北宋、南宋。这个宋是唐代以后的宋朝，宋高宗南渡以后称南宋，南渡以前称北宋，是赵匡胤打下的天下，由赵家做皇帝。而刘宋则是南北朝时期，南朝的第一个朝代，因为这个刘宋的第一个皇帝，也是和汉高祖一样由平民老百姓起来的刘裕。所以后世读历史，为了便于分别朝代，就对这晋以后南北朝的宋朝，称作刘宋。而对唐以后的宋，有时则称之为赵宋）。宗悫就是刘宋时代的人，在《长短经》里只说他是宋代人，但因为作者是唐代的人，绝不可能说到后来赵宋时代的人，所以读书的时候，万一发生类似的疑问，就要把历史的年代弄清楚。这里说当宗悫还没得志的时候，他的同乡庾业，有财、有权、有势，阔气得很，宴请客人的时候，总是几十道菜，酒席摆得有一丈见方那么多，而招待宗悫，则给他吃有稗子的杂粮煮的饭，而宗悫还是照样吃饭。后来宗悫为豫州太守，相当于方面诸侯，军权、政权、司法权、生杀之权集于一身，而他请庾业做秘书长了，绝没有因为当年庾业对自己那样看不起而记仇，这就是宗悫的度量。

最近看到一篇清人的笔记上记载，有个人原来去参加武举考试的，因为他的文章也作得好，所以同时又转而参加文举，但是这和当时的制度不合，因此主持文举考试的这位著名的学官，大发脾气。因为这时已经是清朝中叶以后，重文轻武，对武人看不起，这也是清代衰落的原因之一。在当时文人进考场的时候，那些武官是到试场为考生背书包的。所以这些学官对这个转考文举的武秀才看不起，教人把他拉下去打三十板屁股。可是他挨了打以后，还是要求改考文举。这位学官盛气之下,当时就出了一个题目,限他即刻下笔。这位秀才提起笔就做好了。这位学官终归是好的,还是准了他考文举。后来这个人官做得很大,升到巡抚兼军门提督,等于省主席兼督军又兼战区司令官,他还是带了随从去拜访当年打他屁股的这位学台,而这位学台心里难过极了,一直向他道歉。他却感谢这顿打激励了他,并请这位学台当秘书长。从这些地方我们就看到,小器的人,往往没有什么事业前途。所以说,器度很重要。而且人与人相处,器度大则人生过得很快活,何况中国的老话:"人生何处不相逢?"这段书就是讨论宗悫对庾业的事情,该是怎么个说法,下面引用裴子野的话:

> 裴子野曰:夫贫而无戚,贱而无闷,恬乎天素,弘此大猷,曾、原之德也。降志辱身,挽眉折脊,忍屈庸曹之下,贵骋群雄之上,韩、黥之志也。卑身之事则同,居卑之情已异。若宗元幹无怍于草具,有韩、黥之度矣,终弃旧恶,长者哉!

他说一个人在穷困中,心里不忧不愁;在低贱的时候,没有地位,到处被人看不起,内心也不烦恼,不苦闷,这是知识分子的基本修养,淡泊于天命和平常,穷就穷,无所谓,而胸怀更伟大的理想,另具有长远的眼光。只有像曾子、原宪这两位孔子的学生,才有这样的器度、修养和德性。再其次有一种人,"降志辱身",倒霉的时候,把自己的思想意志降低,倒霉的时候就做倒霉的事,乃至身体被人侮辱都可以,头都不抬,眉毛都挂下来,眼睛都不看人,佝着背,到处向人家磕头作揖,在一批庸庸碌碌的人下面,忍受委屈。一旦得意的时候,则像在一些英雄的头上跑马似的,这就是韩信、黥布一流的人物。他们都是汉高祖面前两位大将。黥布封为九江王,他在秦始皇时代做流氓,犯过法,脸上刺了黑字,所以名黥布，后来贵为九江王。韩信则在倒霉的时候，腰上带了一把剑，遇到流氓，流氓骂他饭都没有吃，没有资格佩剑，迫他从胯下爬过去。后来韩信当了三齐王，那个流氓到处躲，韩信还把他请来作官，并且说当年如果不是这一次侮辱，还懒得出去奋斗呢！最后汉高祖把他抓来的时候，本来不想杀他，还和他说笑话。他批评某些人的能力只可以带多少兵，汉高祖问他自己能带多少兵，他说多多益善。汉高祖说：你牛吹得太大了，那么我可以带多少兵？韩信说，陛下不能带兵，可是能将将。韩信当时是把所有的同事都看不起。他对这些同事，也都是身为大元帅的批评别人的那两句名言："公等碌碌，因人成事。"其实反省过来，包括我们自己在内，都是如此——"公等碌碌，因人成事。"这句话也形容出韩信在得意的时候，有如天马行空，在一般英雄头上驰骋。

由此看来，有的人不怨天不尤人，愿意过平淡的生活，这是高度的道德修养，只有曾子、原宪这一类的人才做得到。但是有一类英雄也做得到，不得志的时候委屈，乃至一辈子委屈，也做得到，可是到得志的时候，就驰骋群雄之上，这就和曾子、原宪不一样。而这两种人，"卑身之事则同"，当不得志的时候，生活形态搞得很卑贱，被人看不起的那个情形，是相同的。可是处在卑贱时，这两种人的思想情操，则绝对不同。一种是英雄情操，得志就干，不得志只好委屈；另一种是道德情操的思想，却认为人生本来是要平淡，并不是要富贵，所以"居卑之情已异"。

可是像宗悫（号元幹），是兼有这两种修养的长处，当年庾业看不起他的时候，盛大的酒席招待朋友，却招呼他在旁边吃一碗杂粮饭，他并不觉得羞耻，吃饱了就好。因为他有理想，准备将来得志了大做一番，所以有韩信、黥布那样的器度。而当他得志以后，还请庾业来做部下，把过去受辱的事都放开，真是一个长者之风。这个长者具有崇高的道德、厚道的心地，真是了不起。这是说与臣道有关的个人修养问题。
……

世称郦寄卖交,以其给吕禄也,于理何如?

这段历史故事,是汉高祖死了以后,吕后想夺政权,把自己娘家的人弄上台,而将汉高祖的老部下都撵掉了,是汉代历史上很著名的一段危险时期。郦寄是汉高祖的一位秘书兼参谋郦食其之弟郦商的儿子。后来周勃他们推翻了吕家的政权,恢复了汉高祖子孙的权位,这中间是一段很热闹的外戚与内廷之争。在这一段斗争中,周勃他们,教郦寄故意和吕禄做好朋友。这时吕禄是执金吾,等于现代的首都卫戍司令。需先把吕禄弄开,否则这天晚上推翻吕家政权的行动就难于顺利进行。所以这天就安排了由郦寄邀吕禄到郊外去玩。于是由周勃他们在首都把吕氏的政权推翻,接汉高祖的中子代王来即位为孝文皇帝。可是后世的人批评郦寄把吕禄骗出去郊外玩这件事情,在他个人的道义上说来,是出卖了朋友。那么这个道理,究竟对不对,又该怎么个说法呢?

班固曰:夫卖交者,谓见利忘义也。若寄,父为功臣而执劫,虽摧吕禄,以安社稷,义存君亲可也。

班固是《汉书》的作者,他认为郦寄卖友的批评不对。所谓出卖朋友的交情,是为了个人的富贵利益,而忘了朋友的义气,才是卖友。郦寄的父亲帮助汉高祖打下了天下,而吕家把这个政权用阴谋手段拿去,这才是不对的。他能在这劫难之中,把吕禄骗出去,予以摧毁,他是为了国家,为了天下,这不是出卖朋友,只是在政治上,为了对国家有所贡献,使用的一个方法而已。

> 魏太祖征徐州，使程昱留守甄城，张邈叛，太祖迎吕布，布执范令靳允母，太祖遣昱说靳允，无以母故，使固守范，允流涕曰：不敢有二也。
>
> 或曰：靳允违亲守城，可谓忠乎？徐众曰：靳允于曹公，未成君臣，母，至亲也，于义应去。

这里引用另一个历史故事。靳允是三国时人，当时曹操带兵去打徐州，命令一个大将程昱留守后方的重镇甄城，正在这样用兵的时候，曹操手下的另一员将领张邈又反叛了他，于是曹操这时只好亲自迎战吕布。这时在战争的地理形势上，如果吕布将范城拿下来，就可以消灭曹操，所以吕布设法把守范城的首长靳允的母亲捉来，想要胁迫靳允为了救母亲而归顺自己。所以曹操也赶紧命令留守在甄城的程昱去游说靳允，不必考虑母亲的安危，要他固守范城这个地方。结果靳允被说动了，表示一定守城，决无二心。这里就引这个故事，问起靳允这样做法，算不算是忠。

徐众说：靳允于曹公，未成君臣，母，至亲也，于义应去。

作者引用徐众对这件事的评论作为答案。徐众是说，当程昱去游说的时候，靳允和曹操之间，还没有君臣的关系，而母亲是世界上最亲密的直系尊亲，在情理上，靳允是应该为了母亲的安危而去，不应该听曹操的话不顾母亲而守城。

同时这里进一步引用历史上类似的故事，以说明这个道理。

> 昔王陵母为项羽所拘，母以高祖必得天下，因自杀以固陵志，明心无所系，然后可得事人，尽其死节。

这是汉高祖与项羽争天下的时候，汉高祖有一个大将王陵，项羽为了要他归顺过来，于是把王陵的母亲抓来，威胁王陵。而王陵的母亲，已看出项羽会失败，刘邦会成功，自己被软禁后，知道王陵有孝心，一定不放心，会为母亲而意志不坚定。因此自杀，留了一封遗书，教人偷偷送给王陵，嘱他还是好好帮助汉高祖，坚定王陵的意志，使他一心为事业努力，心里再没有牵挂，可以全心全意去帮忙刘邦。

另一段故事：

> 卫公子开方仕齐，十年不归，管仲以其不怀其亲，安能爱君，不可以为相。

卫国的一位名叫开方的贵族，在齐国做官，十年都没有请假回到卫国去。而管仲把他开除了，理由是说开方在齐国做了十年的官，从来没有请假回去看看父母，像这样连自己父母都不爱的人，怎么会爱自己的老板！怎么可以为相！把他开除了。

所以这里就上面的几个故事，为靳允违亲的事，作了结论说：

> 是以求忠臣于孝子之门，允宜先救至亲。

能够对父母有感情，才能对朋友有感情，也才能对社会、对国家有感情，人的世界到底是感情的结合，所以靳允是不对的，应该先去救母亲的。

接下来，又举了一个例子，就靳允违母守城这件事，做了另一个角度的结论：

> 徐庶母为曹公所得，刘备乃遣庶归，欲天下者，恕人子之情，公又宜遣允也。

这个故事大家都晓得，曹操想用徐庶，把他的母亲抓起来，以胁迫徐庶，使徐庶进退两难。刘备一知道这情形，就对徐庶说，我固然非常需要你帮忙，可是我不能做违背情理的事，如留你下来，曹操会杀你的母亲，使你一生都受良心的责备，你还是去吧！所以另一角度的结论就说，一个领导人，应该深体人情，那么曹操应让靳允去救他的母亲才对。此所以曹操是曹操，刘备是刘备，他们两个的领导器度，绝对不同。

……

> 魏文帝问王朗等曰：昔子产治郑，人不能欺；子贱治单父，人不忍欺；西门豹治邺，人不敢欺；三子之才，与君德孰优？

这段是说魏文帝曹丕，问他的大臣王朗他们：根据历史的记载，春秋战国的时候，郑国的大臣子产，能够不受部下和老百姓的欺骗；孔子的学生子贱治单父的时候，受他道德的感化，一般人不忍心骗他；而西门豹治邺都的时候，一般人不敢骗他。不能骗、不忍骗、不敢骗，三个不同的反应，在今天（曹丕当时）看来你认为哪一种好？

> 对曰：君任德则臣感义而不忍欺，君任察则臣畏觉而不能欺，君任刑则臣畏罪而不敢欺，任德感义，与夫导德齐礼，有耻且格，等趋者也；任察畏罪，与夫导政齐刑免而无耻，同归者也，优劣之愚，在于权衡，非徒钧铢之觉也。

这是王朗的答复，首先解释不忍欺的道理，就是孔子的学生，子贱治单父的事情，王朗说，上面的领导人，本身有德，一切依德而行，能够真爱人、真敬事，一般部下和老百姓，都感激他的恩义，不忍心骗他。其次听到领导人任察，所谓"察察为明"，什么事情都看得很清楚，如近代历史上，清朝的雍正皇帝，刚开始上台的时候，一个大臣晚上在家里和自己的姨太太们打牌，第二天上朝的时候，雍正就问他昨天夜里在干什么？这位大臣回答昨夜没事，在家里打牌。雍正听了以后，认为这大臣说话很老实，因此很高兴地笑了，并且送了他一个小纸包，吩咐他回去再打开来看。这位大臣回到家里打开雍正所送的纸包一看，正是昨夜打完牌，收牌时所少掉而到处找不到的那一张牌。可不知道怎么到了皇帝的口袋里。这说明雍正早已知道他昨夜是在打牌。他如果当时撒谎，说昨夜在处理公事，拟计划，写报告，那就糟了。这在雍正，就是察察为明。偶然用一下则可，但是不能长用，长用总不大好。这样以"察察为明"的作为，便是使人不能欺的作风。所以做领导人的，明明知道下面的人说了一句谎话，也许他是无心的，硬要把他揭穿，也没有道理，有时候装傻就算了。再其次说到不敢欺，上面的法令太多，一犯了过错，重则杀头，轻则记过，完全靠刑罚、法规来管理的话，那么一般部下，怕犯法，就不敢欺骗了。这样在行政上反而是反效果。下面的人都照法规办理，不用头脑，明知道法规没有道理，也绝对不变通处理，只求自保，那就更糟了。

……

这篇是讲臣道，专门讲干部对上面尽忠的道理，但是尽忠不能只作单方面的要求，如果上面领导得不对，下面也不可能忠心的，所以王朗在这里引申，要上位者有真正的道德，下面自然感激恩义，这和《论语·为政》孔子所说的："道之以政，齐之以刑，民免而无耻；道之以德，齐之以礼，有耻且格。"两句话的意思一样。王朗在这里就是袭用孔子的这两句话，予以阐述。任德感义的，同"道之以德，齐之以礼，有耻且格"一样，可以达到最高的政治目的。假使靠察察为明，使下面的人怕做错了成为风气，就与孔子所说"道之以政，齐之以刑，民免而无耻"的结果相同。就是说不要认为拿政治的体制来领导人，拿法令来管理人，是很好的政治。法令越多，矛盾越多，一般人就在法令的空隙中逃避了责任，而且自认为很高明，在内心上无所惭愧。他最后说，这两种情形之下，好坏的悬殊很大，主要的还是在于领导人自己的权衡，像天平一样，不能一头低一头高，要持平。但一个领导人、大干部，决定大事的时候，不能斤斤计较小的地方。

……

> 或曰：季文子，公孙弘，此二人皆折节俭素，而毁誉不同，何也？

这是历史上两个人的评论。季文子是春秋时名臣，道德非常高。公孙弘是汉朝有名的宰相，此人来自乡间，平民出身，很有道德，名闻天下，一直做汉武帝的宰相。虽然做了几十年宰相，家里吃的菜，还是乡巴佬吃的菜根、豆腐、粗茶淡饭，穿的衣服旧兮兮的，非常朴素。我们看《史记》公孙弘的传记，一长篇写下来都是好的，实在令人佩服，不好的写在别人的传记里了。这是司马迁写传记的笔法。公孙弘这个人实际上是在汉武帝面前作假，等于民国以来的军阀冯玉祥一样，和士兵一起吃饭的时候啃窝窝头，回去燕窝鸡汤炖得好好的，外面穿破棉大衣，里面却穿的是最好的貂皮背心，公孙弘就是如此。季文子和公孙弘都折节——所谓"折节"，在古书上常看到，如"折节"读书。曾国藩有几个部下，器宇很大，但学问不够，受了曾国藩的影响，再回去读书。结果变成文武全才，这情形就叫做折节读书。换句话说，就像一棵树长得很高，自己弯下来，就是对人谦虚，虽然身为长官，对部下却很客气，很谦虚，所谓礼贤下士，也是折节的意思。这段书说，季文子、公孙弘这两个人，到了一人之下，万人之上的尊荣，都不摆架子，自己也能俭朴、本素，可是当时以及历史上，对这两个人的毁誉，却完全不同。司马迁对公孙弘是亲眼看到的，写历史的人，手里拿了一支笔，绝不会姑息的，对就是对，不对就是不对。可是中国的历史，大多都是隔一代写的，当代多是记录下来的笔记。由此观之，问题很大，隔了一代，就有许多事情不够真实。但是评论历史人物，却的确需要隔一代。在当代要批评人物，也得留点情面，这就有感情的成分存在，隔一代的评论就不同了，没有情感和利害关系，才能冷静客观。这里的两个人，在当时的为人处世型态和做法是一样的，当代的人很难评论，而后来历史的评论，完全不同。这是什么道理？

范晔称：夫人利仁者，或借仁以从利！体义者，不期体以合义。

范晔是《后汉书》的作者，南北朝刘宋时的名臣。他说范晔曾说过，人并不是各个都仁，有些人拿"仁"来做幌子，在政治上假借仁为手段，以达到个人的私利；另外有些人处处讲义，做事情讲究应不应该，合不合理，可是并不一定是为了一个义的目标而做的。

季文子妾不衣帛，鲁人以为美谈；公孙弘身服布被，汲黯讥其多诈，事实未殊而毁誉别者。何也？将体之与利之异乎？故前志云，仁者安仁，智者利仁，畏罪者强仁。校其仁者，功无以殊，核其为仁，不得不异。安仁者，性善者也；利仁者，力行者也；强仁者，不得已者也；三仁相比，则安者优矣。

这仍是范晔的话，他说季文子身为宰相，他的太太们身上没有穿过好的衣服,鲁国人谈起来,都认为这是自己国家的光荣。可是汉武帝时候的公孙弘,当了宰相,一辈子穿布衣服(等于现在的人,始终穿一套卡其布中山装,这样不好吗,说他作假,作一辈子可也不容易)。而和他同朝的监察御史汲黯(这个人汉武帝都怕他,监察御史的职权大得很,皇帝不对,有时他也当面顶起来。专制时代的皇帝也不好当的。汲黯讲话不大清楚,有点大舌头,好几次为了国家大事,和汉武帝争吵,他站在那里,结结巴巴讲不出话来,把汉武帝都逗笑了,依他的意见,教他不要急),这个骨鲠之臣,硬作风的人,就当面指责公孙弘是作假。季文子和公孙弘的实际行为都是一样的,可是在历史上,季文子绝对是好的,公孙弘则后世认为他在作假,是什么理由?这就要自己去体会。

　　用仁义做手段来兴利,或为了天下的利益,或为自己的利益,一是为公,一是为私,差别就在这里。换句话说,历史是很公平的。如果真的做了一件事,在历史上站得住,留给后世的人景仰,是的就是,非的就非。所以前人书上的记载(指孔子的话)说:"仁者安仁,智者利仁。"有些部下,怕触犯上面规定的法令,怕不合规定,勉强做到仁的境界,这样做就不是自然的,不是本身的思想道德与政治道德的修养。所以比较起来,这几种为仁的表现虽然一样,但是仔细考核起来,他内在思想上,心理的动机是有差别的。有些人天生的就仁慈。如以历史上的帝王来说,宋太祖赵匡胤就天生的仁慈。

　　一部二十四史,几乎没有一个开国皇帝不杀功臣的,只有赵匡胤杯酒释兵权,成为历史的美谈。等于是坦白地说明了,他手下这些将领,在起义当时,都是他的同事,当时他只是宪兵司令兼警备司令这一类的官,陈桥兵变,黄袍加身,同事们把他捧起来,当了皇帝。后来他想也是很难办。我们看了一部二十四史,做领袖的确很难,我们常说朱元璋刻薄,杀的功臣最惨,如果人生经验体会得多了,到了那种情况,也真没有办法。朱元璋本来很好的,当了皇帝还念旧,把当年种田的朋友找来,给他们官做,可是他们在朝廷里乱讲空话,把当年小时候打架踢屁股的事都说出来,说一次还不要紧,常常说,连其他的大臣都受不了,只有宰了。不要说当皇帝,很多人上了台以后,一些老朋友、老同学,来了一起做事,也一样以老同学关系,在公开场合说空话。所以赵匡胤当了皇帝以后,一些同时打天下的人,恃宠而骄了,使赵匡胤没有办法,只好请大家来吃饭。酒喝多了,饭吃饱了,他对大家说,皇帝这个位置不好坐呀!大家说,这有什么不好坐,大家拥护你到底。赵匡胤说,你们当时把黄袍替我穿上就逼我做皇帝,假使有一天,别人也把黄袍替你穿上,又该怎么办?这一下大家明白了,站起来问他该怎样才好,一定听他的。于是赵匡胤说,大家要什么给什么,回家享福好不好?大臣们只好照办。这就叫做杯酒释兵权,所以没有杀过功臣。这是研究赵匡胤的这一面,他确实很仁慈。

另一面来说,因为很仁慈,宋朝的天下,自开国以来,始终只有半壁江山。黄河以北燕云十六州,一直没有纳入版图。因为他是军人出身,知道作战的痛苦,也知道战争对老百姓的残害,他不想打仗,只想过安定的日子,拿钱向辽金把这些地方买回来。这是历史另一面的研究。

现在讲到人的天性问题:安于仁的人,天性就良善;而利用仁的人则不同了只是硬要做到仁的境界,不是天生的厚道。而另外有些人,比主动利仁还差一级的,是外表行为勉强做到仁的标准,因环境所逼,不得已才这样做的。所以在安仁、利仁、强仁这三种性格的人,比较起来,安于仁道的人当然最好。

……

议曰:夫圣人德全,器无不备。中庸已降,才则好偏。故曰：柴也愚，参也鲁，师也辟，由也喭。由此观之，全德者鲜矣！全德既鲜，则资矫情而力善矣！然世恶矫伪，而人贤任真，使其真贪愚而亦任之，可为贤乎？对曰：吁！何为其然？夫肖貌天地，负阴抱阳，虽清浊贤愚，其性则异，而趋走嗜欲，所规则同。故靡颜腻理，人所悦也；乘坚驱良，人所爱也；苦心贞节，人所难也；徇公灭私，人所苦也。不以礼教节之，则荡而不制，安肯攻苦食淡，贞洁公方，临财廉而取与义乎？故礼曰：欲不可纵，志不可满。古语云：廉士非不爱财，取之以道。诗云："如切如磋，如琢如磨"，皆矫伪之谓也，若肆其愚态，随其鄙情，名曰任真而贤之，此先王之罪人也。故吾以为矫伪者，礼义之端；任真者，贪鄙之主。夫强仁者，庸可诬乎？

这一段是本文作者的评论，开头一段讲到人才的道理，可以说是领导人如何去发掘人才，也可以说做干部的对自己的认识。他是以中国文化中"圣人"这个名称，来标榜学问道德的最高成就，他说：圣人是天生的道德全备（这里的道德，并不是我们现代所讲的道德观念，这是一个名称，包括了内心的思想、心术、度量、才能，等等）。器识，才具，学问，见解，没有不完全的。等而下之，不是圣人这一阶层，中等的人，每个人都有他的才能，各有长处，不过所好不同，各有偏向，某人长于某一点，某人欠缺某一点。所以孔子对他的学生批评："柴也愚，参也鲁，师也辟，由也喭"，四人各有所偏。由这个道理看来，一个人"才""德""学"能全备的，就比较少了。既然全德的人是少数，要想达到至善，只好靠后天的努力，由外表行为做起，慢慢影响内在（如教学生对人要有礼貌，学生说不习惯，就教他们先由表面做起——做作，久了就变真了）。但是世界上一般人又讨厌作假，喜欢坦率。不过一个贪愚的人，也坦率，贪的坦率，要就要，笨就笨，这样的人难道就让他坦白地贪愚下去吗？就可以信任他，把责任交给他，认为他是好的吗？道理并不是这样的。"肖貌天地，负阴抱阳。"中国的哲学，人是禀赋阴阳的资质，为天地所生。外国人说上帝依照他自己的样子造人，中国人不讲上帝，而说人是像（肖就是像）天地一样，本身具备有阴阳之性，虽然生下来，清、浊、贤、愚，后天的个性各有不同，可是追求嗜欲，要吃好的，穿好的，富贵享受，这种倾向，都是相同的。所以人都要把自己装扮起来，好像女人总要抹抹口红，男人总要刮刮胡子，因为大家都认为这样好看。坐高级的车子，骑上好的马，以现代来说，坐最新颖的汽车，是大家都喜欢的；相反的，守得清贫，喜欢穷，非常洁身自爱，这是难以做到的。当然有这种人，但那是少数，不能普遍要求每一个人。至于那种处处为公，绝对不自私的典范，理论上是不错的，但事实上是不可能的，领导人要注意，如此要求，鞭策自己可以，要求别人的尺码就要放宽一点。

所以一个人要做到历史上所标榜忠臣孝子的标准，必须以学问道德，慢慢修养而来，人性生来并非如此良善。因为自己思想学识认识够了，由礼义的教育下来，能对自己的欲望有所节制，才做得到。假使不在后天上用礼义教育节制，任由人性自然的发展，就像流水一样飘荡、放浪，欲望永远无穷。如此欲望无穷，又怎么能够吃苦过日子，安于淡泊，做到绝对贞洁，一切为公，一切方正，尤其在钱财方面，临财不苟取，完全合于义礼呢？所以《礼记》上说："欲不可纵，志不可满。"（这八个字把政治、教育、社会，乃至个人的修养都讲完了）教育并不是否认欲望，而在于如何设法不放纵自己的欲望，"志"是情感与思想的综合，人的情绪不可以自满，人得意到极点，就很危险。历史上可以看到，一个人功业到了顶点以后，往往会大失败。所以一个人总要留一点有余不尽之意。试看曾国藩，后来慈禧太后对他那么信任，几乎有副皇帝的味道，而曾国藩却害怕了，所以把自己的房子，命名为"求缺斋"，一切太圆满了不好，要保留缺陷。古人说的廉士清官,绝对不要钱吗?恐怕不是,一般人公认的清官包公,假使说他连薪水袋都不拿,那才是怪事哩!如果上面有合理合法的奖金给他,他还是应当拿的,所以廉士不是不爱钱,而是取之有道,对于不义之财绝对不取,已经是了不起了。

《诗经》里说的:"如切如磋,如琢如磨。"(《论语》引用这两句话是从好的一面讲,这里是从相反的一面讲)人还是得像雕刻一样,用后天的努力,勉强自己,雕凿自己,慢慢改变过来(我们作学问,该有这一层领悟,也就是任何一句话,都有正反两面,乃至多角度的看法。《诗经》这两句话,在《论语》里,孔子和子贡讨论到诗,是就道德的修养而言,而这里说,一个人要改变自己的个性,由作假而变成真的,也同样用到这两句话。这就是我们写文章,以及做人做事要体会的。尤其是一个领导人,更必须有这一层认识。同样一句话,各个人的看法都会不同,所以对于别人的要求,也不能完全一致。由此可见,文字语言,不能完全表达人类的思想。如果能够完全表达,人与人之间,就没有误会了。所以说话很困难,除了口里发声以外,还要加上眼睛、手势、表情,等等。才能使人懂得,有时候动错了,别人还是会误会的。在哲学观点说,这就是人类的悲哀)。

现代全世界的青年,包括中国的青年,都反对后天的约束。他们觉得一切太假了,认为人欲怎样就该怎样,所以前些年的嬉皮,就是这样,要求任真(现代所谓的放任自然)。人为什么要那么多的礼貌?那么多的思想范围?这问题是从古至今都存在的。这里就说,放肆天生愚蠢、丑陋不稳定的情绪,让它自然发展,毫不加以理性的约束,认为这样才不矫情,才算任真。那么想要杀人抢人,就杀人抢人,也是任真自然嘛!情绪上想到要抢就抢,这是自然啰!也没有错啰!但真这样就糟了,先王就成为文化罪人了(这个先王,在古文中常有,并不是专指那一个人,而是泛称,代表传统文化)。

最后作者自己的结论认为,矫情的人是作假(如小学里教孩子,一进学校要说:"老师早!"这就是矫情,小孩子生出来,绝不会说妈妈早,你好!而是后天教育替他加上"老师早!老师好!"的观念)。但人类之有制度礼貌,就靠这点矫情开始的,在教育上另用一个好听的名词就是塑造。慢慢地,作假就是真,并不是假,而是矫正过来,改变过来,成为礼义的开始。而任真的结果,就成贪鄙之主。所以勉强学仁道的,怎么可以随便批评呢?《长短经》的作者,认为强仁是对的。

……

这里就想到一件历史故事,晋朝有名的大臣陶侃,是平民出身,有名的陶侃运甓的故事就是他。原来他做过都督,长江以南的政权都操纵在他手里。而他还是愿意习劳苦,每天在家里把一些陶土的砖块,搬进搬出,他说,人的地位高了,筋骨易于疲惫,不能不习劳苦,如安于逸乐,一旦有事,体力吃不了苦就不行。同时他很节省,把木匠做工剩下来的竹头木屑,都留下来,堆了几房间,人家以为他小器。后来发生了战争,造战船的时候,需要竹钉都没地方可买,他就把这些小竹头拿出来做钉子用,及时造好了战船。所以他告诉部下,天下任何东西都有用处,不要随便浪费。那时正需要人才,有人向他推荐一个青年,他自己就去看访。看见这个青年住在一个小房间里,满屋的书画,可是棉被好像三年没有洗,头发又乱又长,他看了一眼就走了。然后他对推荐人说,这个青年,连一个房间都没有管好,国家天下大事,我不相信他能管理好,所谓"乱头养望,自称宏达"。这是他的名言,就是说这个青年,头发也不梳,弄得乱乱的,借此培养自己声望,而自命为"宏达任真"。结果一个小房间都治理不好,恐怕别无真才实学。

……

或曰：长平之事，白起坑赵卒四十万，可为奇将乎？

这是另外举出的一个历史经验。

这是春秋战国时候，一件有名的故事。秦国的大将白起打赵国，赵国打败了，四十万人向白起投降了。而白起在一夜之间，将这四十万人活埋了。在中国历史上，很多地方提起这件事，几千年来，一直到现代还提到。另一面在后人的笔记中记载，有人杀猪，刮毛以后，背上现出"白起"两个字，这是讲因果报应，说白起直到现在，生生世世还是在被人宰杀。不管因果报应的事有没有，这是中国的传统思想，战争杀人，是为民族，为国家，为正义不得已，所以没有罪。但如果为了私怨，尤其是对于已经投降了的人，还把他活埋，这个罪过可大了。根据历史的经验，这样是绝不可能成功的。看清史，曾国藩、李鸿章打太平天国的时候，李鸿章的淮军起来，不得已借用外国人的洋枪队。有一英人叫戈登，带兵帮忙打太平军，打到苏州的时候，有八个太平天国的将领带了好几万人向李鸿章投降，当时答应的条件，是仍旧给他们职务，后来见李鸿章的时候，有个人把他们都抓去杀了，以后这人的结果，还是很不好。而当时戈登，对这件事大加反对。后来历史上评论，一个外国人尚且有这样的正义感，不主张杀投降的人，可见一般人的看法对白起很不以为然。

这里就提出长平之役这件事情来讨论，白起这个人算是军事作战上了不起的奇将吧？

何晏曰：白起之降赵卒，诈而坑其四十万，岂徒酷暴之谓乎？后亦难以重得志矣！向使众人豫知降之必死，则张虚拳，犹可畏也。况于四十万披坚执锐哉？天下见降秦之将，头颅依山，归秦之众，骸积成丘，则后日之战，死当死耳，何众肯服？何城肯下乎？是为虽能裁四十万之命，而适足以强天下之战。欲以要一朝之功，而乃更坚诸侯之守。故兵进而自伐其势，军胜而还丧其计，何者？设使赵众复合，马服更生，则后日之战，必非前日之对也。况今皆使天下为后日乎？其所以终不敢复加兵于邯郸者，非但忧平原之补缝，患诸侯之救至也，徒讳之而不言耳。且长平之事，秦人十五以上，皆荷戟而向赵矣。夫以秦之强，而十五已上，死伤过半，此为破赵之功小，伤秦之败大也，又何称奇哉？

这是引用何晏的话，来评论白起算不算一位奇将。

何晏是魏时人，他说白起活埋了赵国的四十万人是一大骗局，答应投降了就没有事，结果人家投降了，又把人家活埋。这不但是性情太残暴了，以整个战略而言，实在失策，一定会失败的。假使在投降之前就预先知道投降以后，会上当而死，这四十万人就是没有武器，赤手空拳地抵抗到底，也很可怕，何况这四十万人，身上都还穿了坚硬的战甲，手上还拿有锐利的武器，真打下去实在不易征服。不幸，大家相信，而上当受骗而已。白起当时以为做得很高明，实际上是增加了秦国统一天下的困难。他这样一来，天下人都看见了，知道凡是向秦国投降的人，都不会有好结果。投降的将领被砍下来的头颅堆得像山一样高，归秦的众人的骸骨堆起来像丘陵那么多。从这次以后，秦国如果再与人作战，大家都认清楚了，要死的时候就壮壮烈烈的死，反正向秦国投降了也是死，何不抵抗到底。再也没有人肯向秦军投降了。自此以后，秦国无论攻什么地方，都很不容易打下来。所以白起这样做法，反而延迟了秦国统一天下的时间，因为他虽然一夜之间残杀了四十万生命，相反的作用，等于告诉天下人，自己必须坚强，绝不能投降。为了希望得到一时的功劳，实际上更加坚定了各国诸侯守士的意志和决心，在战略与政略的道理上说，白起这个做法，是正在进兵的时候，自己削弱了自己的有利形势，军事的表面上胜利，而在政治上、国际上，使自己的计划走不通，这是什么理由呢？因为赵国虽然失败了，但并没有亡国，假使再起来作战，赵国的大元帅再出来一个马服君，那这下一次的战争，就不比前一次，这次秦国就会失败了。况且自白起这一手以后，所有国际上都对秦国备战了。因此秦国统一天下的进度就慢了，所以后来始终不敢再出兵攻打赵国的邯郸，这不但是因为赵国经这次失败，由平原君起来当统帅，秦国怕了，更重要的是怕各国诸侯联合起来救赵国。秦王知道这个道理，内心非常忌讳，只是没有说出来而已。

并且以这一次长平之役，从另一个角度来看，在战役之前，秦国的兵源不够，重新发一道命令，变更法令，凡是十五岁以上的青少年都要服兵役，拿了武器，到前方和赵国打仗。这仗打下来很惨，秦国十五岁以上的人，死伤过半。可见白起这一仗打下来，并没有消灭赵国，只是骗了赵国的四十万人活埋了。而对于秦国的损害，却无法弥补。以将领而论，白起并不是一个好将领。根据一员大将的修为，要懂得政治，懂得策略，要有长远的眼光，中国历代的第一流大将都是文武兼资的。武功很高，很勇敢的只是战将，不是大将。大将都是有高度的素养。就以近代史而言，大元帅曾国藩，就是文人。

这件事就是告诉我们，大而用兵，小而个人。与敌人正面冲突的时候，都是同样的原则，要言而有信，欺骗只可获得一时的胜利，可是其恶果，则是得不偿失。

下面的讨论，就提到《素书》了。

……

议曰：黄石公称柔者能制刚，弱者能制强。柔者德也，刚者贼也。柔者人之所助，刚者怨之所居。是故纣之百克而卒无后，项羽兵强，终失天下。故随何曰：使楚胜，则诸侯自危惧而相救。夫楚之强，适足以致天下之兵耳。由是观之，若天下已定，藉一战之胜，诈之可也。若海内纷纷，雄雌未决，而失信义于天下，败亡之道也。当亡国之时，诸侯尚强，而白起乃坑赵降卒，使诸侯畏之而合纵，诸侯合纵，非秦之利，为战胜而反败，何晏之论当矣。

他引用黄石公所说的原则，再加以发挥。黄石公所说的原则，也就是道家的思想：柔能克刚，弱能制强。所谓柔，就是道德的感化。过刚，就是用强硬的手段，像白起这种做法，就是贼，就是不正，过刚就是错了。有如一个人，体力不够，在街上走路跌倒，大家看见，一定上前帮助，柔者人之所助。如果是太刚强的人，那就不见得如此。太刚的人，怨恨都集中到他身上，做人就是这个道理。个性、脾气的刚柔，也是一样。历史上纣王当时百战百胜，结果还是被周武王打垮而亡了国。项羽每次战争都打胜仗，和刘邦打了七十二次战役，前面七十一次都战胜刘邦，到最后一次项羽失败了，也就完了。所以汉代的学者随何（他曾经劝黥布背楚降汉，平定天下后，汉高祖封他为护军中尉）当时曾说过，全国人的心里并不希望楚国项羽打胜仗，项羽一打胜仗，所有的诸侯，自己害怕，就彼此联盟，帮忙互救，所以楚国越强，对刘邦越有利，大家都知道刘邦是个老实人，直爽厚道，大家都愿意和刘邦联合。所以从这个道理看来，假定天下整个的局面是安定的，只有一个敌人，只要这一次战争，就可解决一切，这样用一点假，还可以（这就告诉我们，在军事上，乃至在工作上，最高的原则，还是诚信。不诚不信，最后终归失败）。如果整个的时代是不安定的，在海内纷纷，最后到底是谁成功，还没有决定的阶段，就要注意，不要眼光短浅，不要太贪现实。这个时候,想要真正的成功,还是要诚恳。假使在这个时候失信于天下,最后一定败亡。

那么回过来看长平之役,正当七雄争霸的时候,秦国想统一天下还做不到,六国诸侯的力量还是相当强盛,白起一下子坑了赵国四十万降卒,这一决定处理下来,结果使诸侯害怕了,反而组织联合战线,合纵了。诸侯一合纵,当然对秦国不利。白起在战场上身为统帅,这一个战地的处决,把降卒活埋了,他当时还自认为这是一次最光荣的大胜利,可是在整个国际局面来讲,是秦国的一次大失败,因此何晏的说法是对的。

下 编

前 记

吾国学术，自汉武帝罢黜百家，一尊儒术，千载以还，致使百家之文，多流散佚。诸子之说，视若异端。此风至宋、明尤炽。然纵观两千余年史迹，时有否泰，势有合分。其间拨乱反正之士，盛平拱默之时，固未特以儒术鸣也。明陈恭尹《读秦纪》有言："谤声易弭怨难除，秦法虽严亦甚疏。夜半桥边呼孺子，人间犹有未烧书。"盖指张良受太公兵法于圯下，佐高祖一统天下也。近世梁启超先生，治学有宗。亦以忧世感时，愤儒家之说，难济艰危，曾赋言以寄："六鳌摇动海山倾，谁入沧溟斩巨鲸。括地无书思补著，倚天有剑欲长征。抗章北阙知无用，纳履南山恐不成。我欲青溪寻鬼谷，不论礼乐但论兵。"目今世局纷纷，人心靡诈。动关诡谲，道德夷凌。故谋略一词，不仅风行域外，即国内亦萍末飓风，先萌朕兆。波澜既起，防或未迟，故有不得已于言者。

史迁尝论子贡曰："田常欲作乱于齐，惮高国鲍晏，故移其兵，欲以伐鲁。孔子闻之，谓门弟子曰：夫鲁，坟墓所处，父母之国。国危如此，二三子何为莫出？子贡请行，孔子许之。……故子贡一出，存鲁，乱齐，破吴，强晋而霸越。子贡一使，使势相破，十年之中，五国各有变。"又曾子亦有言："用师者王，用友者霸，用徒者亡。"夫二子者，孔门高弟，儒林称贤。审曾子之言，析子贡之术，皆勾距之宗纲，长短术之时用也。故时有常变，势有顺逆，事有经权，若谓儒学皆经，是乃书生之管见，自期期以为不可。此其一。

谋略之术，与人俱来。其学无所不包，要在人、事两端。

稽诸历史，亦人也，亦事也。入世之学，有出于人、事者乎？其用在因势利导，顺以推移。故又名长短术，或曰勾距术，亦称纵横术，皆阴谋也。阴者，暗也，险也，柔也。故为道之所忌，不得已而用之。"君子得之固穷，小人得之伤命。"若无深厚之道德以为基，苟用之，未有不自损者也。故苏秦殒身，陈平绝后。史迹昭昭，因果不昧，可不慎哉！此其二。

近世教育方针，受西风影响至巨。启蒙既乏应对之宜，罔知立己修身之本。深研复无经济之学，昧于应世济人之方。无情岁月，数纸文凭。有限年华，几场考试。嗟呼！一士难求，才岂易得。故大风思猛士，大厦求良材。此千古一调，百世同所浩叹也。或云时代之流风，岂非人谋之不臧。二十世纪末世界文化趋向，起复于东方，历史循环反复，殆无疑义。既光固有文化，岂限一尊？欲建非常功事，何妨并臻。此其三。

老子有言："以正理国，以奇用兵，以无事取天下。"际此太白经天，兵氛摇曳。爰检《素书》《太公兵法》(俗称三略，古之玉钤)详为阐述。或旁征博采，用明其体。或记事论人，欲证其用。总君臣师三道之菁英，概三千年来历史人事。或奇或正，亦经亦权。非为自诩知见，但祈逗诱来机。只眼既具，或可直探骊珠，会之于心。倘能以德为基，具出尘之胸襟而致力乎入世之事业，因时顺易，功德岂可限量哉！

是书讲述之时，有客闻见之而谓曰："三略之书虽云太公、黄石所传，亦有谓宋相张商英所撰，考之皆系伪托。予以盲接引，穷极神思，得毋空劳乎？"师笑曰："子之论似是而非。昔者，林子超先生喜藏字画，然多赝品，人莫能辨。有识者诘之，则答曰：'书画用娱心目，广胸次，消块垒。虽赝品，其艺足以匹真，余玩之，心胸既畅，虽然赝，庸何伤哉？'余爱其言也。"客称善焉。

乙卯之夏湘潭弟子冯道元记闻于台北

素书六章

原始章第一

> 夫道、德、仁、义、礼，五者一体也。

老子曰："失道而后德，失德而后仁，失仁而后义，失义而后礼。"盖世风日薄，人心由质而文。故言五者，原始于一体也。儒家主张性善，寓意谋略之用，必须以道德为根基，故首标原始章以开其端。

然时空异易，文字之别，自汉以下丕变。故今简约言之，以道体为因，以德为用为果，接物以仁，处事以义，待人以礼。此万古之常经，权略之根本。

> 道者，人之所蹈，使万物不知其所由。

万物之情识，乃至一切有相，皆不离道之用，然终难明其体。故原文引《易经》"百姓日用而不知"以言道之用，又申老子之说"故常无，欲以观其妙。常有，欲以观其窍。"以表道之体。

> 德者，人之所得，被万物各得其所欲。

《易》言"赞天地之化育"，释言"慈悲喜余"，儒言"博施济众"，皆标揭人生之目的也。故道之用在成德。德者，得也。使人各有所得，而非占为己有，方能尽情万物，使各得所需，各得其位，此为大功德，亦谋略之大用也。

> 仁者，人之所亲，有慈惠恻隐之心，以遂其生成。

原文言仁者，必具恻隐之心，能施惠泽及万物，俾各得其所，以赞遂生化之功。

其内涵引孟子"恻隐之心，人皆有之"。所谓道不远人，故曰人之所亲。又以人能弘道，故用之，则能为人所亲。

> 义者，人之所宜，赏善罚恶，以立功立事。

承上文言积德行仁，必藉之于事。行之于事，则涉及权责。故统领居位之道，要于赏罚善恶之间，行之允当。乃能立功成事也。

> 礼者，人之所履，夙兴夜寐，以成人伦之序。

"不以规矩，不能成方圆。""谁能出不由户"乎？故凡人朝夕之所践履，言行之所表，皆需动乎礼，应乎道。表里如一，体用彬称。如是人伦之人文，遂乃生成。

千古人才难得，智术各有短长。赵蕤之论人也：聪明疏通者，戒于太察。寡闻少见者，戒于拥蔽。勇猛刚强者，戒于太暴。仁爱温良者，戒于无断。湛静安舒者，戒于后时。广心浩大者，戒于遗忘。

又《人物志》云："厉直刚毅，材在矫正，失在激讦。柔顺安恕，美在宽容，失在少决。雄悍桀健，任在胆烈，失在多忌。精良畏慎，善在恭谨，失在多疑。强楷坚劲，用在桢干，失在专固。论辩理绎，能在释结，失在流宕。普博周洽，崇在裕覆，失在溷浊。清介廉洁，节在俭固，失在拘局。休动磊砢，业在攀跻，失在疏越。沉静审密，精在元微，失在迟懦。朴露径尽，质在中诚，失在不微。多智韬情，权在谋略，失在依违。"而本文以俊、豪、杰别之：

> 信足以一异，义足以得众，德足以怀远，才足以鉴古，明足以照下。此人之俊也。

原文言人才之所以称为俊者，必信、义、德、才、明五者兼备。
信可以统异，贤与不肖，皆能信之，犹季布之一诺也。义可以使众附，非胁之以力，动之以利也。德可以悦近人，来远者，非好行小惠之术也。才学可洞古彻今，通达无碍。其聪明足以洞明世事，达练人情，知众而能容众。五者兼具，人中之"俊"也。

> 行足以为仪表，智足以决嫌疑，信可以守约，廉可使分财。此人之豪也。

原文言人才之所以称为豪者，必行、智、信、廉四者兼备。
行谊堪为一时之表率。是非利害之际，智可以决之。信可以成约而无悔。重义则轻财，轻财必重义，此事理之必然也。上四者兼备，人中之"豪"也。

> 守职而不废，处义而不回，见嫌而不苟免，见利而不苟得。此人之杰也。

典职能敬于事，孔子所谓三年学，不至于谷也。居义而不反顾，孟子所谓舍生取义也。临难能挺身以赴，见利而不贪。即曾子之论君子："可以托六尺之孤，可以寄百里之命，临大节而不可夺也。"上四者兼备，人中之"杰"也。

求人之志章第二

夫欲为人之本，可无一焉。

立身不可不修道德，应事不可不具权谋。故成人之根本，上章所述之豪俊，不可不备其一也。才德难全，古今如是，故论求人之志。要知鲲化而后鹏飞，道德互为因果。穷则独善其身，达则兼善天下，此士君子之所以不苟出处也。

贤人君子明于盛衰之道，通乎成败之数，审乎治乱之势，达乎去就之理。故潜居抱道，以待其时。若时至而行，则能极人臣之位。得机而动，则能成绝代之功。

原文之"贤人君子"，乃言道德有成之人。此人应世之先，需洞彻历史之演变，而推未来之趋向，乃能明乎成败机微之算数。再盱衡当前主客之形，爻变之势，于是用舍由心，行藏在手。虽如此，尚需契其时机，孟子云："虽有智慧，不如乘势。虽有镃基，不如待时。"故圣人不能违时，智谋不如当时，盖人不可与天争也。苟会心于此，自必泽及当代，名垂后世。

如其不遇，没身而已。是以其道足高，而名重于后代。

承上文，如时势不得其机，要能甘于寂寞。故姜尚钓闲于渭水，诸葛抱膝于隆中,此待时也。时有至有不至,运有穷通。故希夷高卧华山,王通讲学河汾,皆淡泊以俟河清也。余如巢父、许由、严光、周党,皆惜身以自洁者也。故其道愈高,其见愈远,其行愈清,是以其名则愈为后世所重。

总简本章之旨,言君子之出而应世也,须才、德、学三者具备。胸襟、气度缺一不可,析之于下:

功名成于德业,事功应乎初心。《易》云:"举而措之天下谓之事业。"此圣贤之业也。然"浮名浮利浓于酒,几人肯向死前休"?救世救民乎?利己利家乎?是故存心不可不察,德行岂可不修。且老子有言:"功成、名遂、身退,天之道。"张良欲从赤松,李斯空怀黄犬。处世但求心安,成功何必在我?具如此德行,如此识度,始可言事功,盖论人以德为本。

才德难全,古今如是。才高者可与进取,流于宕逸。德厚者可使守成,偏于懦顺。故论人以才为用。然才德既是难全,故需以学和之,毋使偏颇。非学无以广知,无才不足寄命。既须鉴古达今,见微知渐。复须千手千眼,手段通天。故才学不可不具。三者既备,进可成事立功,匡时济世。退可安身立命,超凡入圣。用舍无尤,行藏合道。孔子云:"可谓成人也矣。"

正道章第三

绝嗜禁欲,所以除累。

嗜欲者,伤身、败德、破家、覆国之本。能绝嗜寡欲则反是。所以"人到无求品自高",此修身之根本,富强之至道也。

例一:孝文帝,汉君。孝文继高祖为帝,临位二十三年,宫室苑囿狗马服御，无所增益。尝欲作露台，以需费百金而罢。常衣绨衣，所幸慎夫人，令衣不得曳地，帏帐不得文绣。治霸陵皆以瓦器。减刑罚，出美人。是以海内殷富，兴于礼义。越代而武帝继统，乃得开疆以威四夷。

例二：刘秉忠，元人。刘秉忠性淡泊，年十七服官，寻弃去，隐武安山中为僧。后世祖召之，每以天地好生力赞于帝，所至全活不可胜计。后官至太保，参领中书省事，犹衲衣疏食，以天下为己任。

抑非捐恶，所以让过。

抑非捐恶，要在内讼以修德，所以无过。其外用必迁之于无形，所以远尤。

例一：曾参，战国鲁人。曾子日三省其身，抑非捐恶，卒传孔子道统。

余如宋、明诸大儒，莫不内守诚敬，外弃恶非。用明明德，以光教化。

例二：张飞，蜀汉人。刘备爱马超之才，以为平西将军，封都亭侯。超见先主待之厚阔，略无上下礼，与先主言，常呼字。关羽怒，欲杀之，先主不从。张飞曰："如是当示之以礼。"明日大会诸将，羽、飞挟刃直立，超入顾坐席，不见羽、飞座，见其立也，乃大惊。自后乃尊事先主，不复僭越。

例三：王阳明，明人。王阳明既平宁藩之乱，正德帝忽复巡游，群奸意叵测，阳明甚忧之。适二中贵至浙省。阳明张燕于镇海楼。酒半，屏人去梯，出书简一箧示之，皆此辈交通宁藩之迹也，尽数与之，二中贵感谢不已。阳明之终免于祸，多得二中贵从中维护之力。脱此时挟此以制，则仇隙深，而祸未已也。

贬酒阙色，所以无污。

酒以乱性误事，色足败德伤身。此嗜欲之最也。

例一：公子侧，春秋楚人。晋楚之战，侧为楚中军元帅，楚王知其好饮，每出军，必戒使绝饮。侧有小竖知主人好饮，乃以美酒称椒汤以进，侧喜，大醉。旋楚王召之议战，连呼不应，乃率师夜遁。行五十里，侧醒，大悔，自裁。

例二：许允，晋人。允妻阮女，交礼竟，见妇色陋，即欲出。妇止之，并问所以？谓曰："妇有四德，卿有几德？"应曰："新妇所乏者容耳。士有百行，君有几行？"许曰："皆备。"妇曰："百行以德为首，君好色不好德，何谓皆备？"允有惭色，遂相敬重。

例三：曹鼐，明人。鼐以孝闻，仁官有德政。尝夜驻驿亭，有艳女就之。公曰："不可欺也。"乃取纸书"曹鼐不可"四字火之，终夜不辍。天明，召其母领去。

例四：唐皋，明人。皋少时，读书灯下，有女调之，屡将纸窗舔破。公补讫，因题于上云："舔破纸窗容易补，损人阴德最难修。"

避嫌远疑，所以无误。

避嫌疑，所以竟事而远祸也。

例一：公仪休，春秋鲁人。公仪相鲁，而嗜鱼，一国争买鱼献之，公仪不受。弟诘曰："夫子嗜鱼而不受，何也？"对曰："夫惟嗜鱼，故不受也。夫既受之，必有下人之色，将枉于法。枉于法，则相可免，虽嗜鱼，其谁给之？无受鱼而不免于相，虽不受，能长自给也。"

例二：郭子仪，唐人。郭令公每见客，姬侍满前。及闻卢杞至，悉屏去。诸子不解，公曰："杞貌陋，妇女见之，未必不笑。他日杞得志，我属无噍类矣！"

博学切问，所以广知。

宋太祖以宰相需用读书人，推世间事，莫不如此。尤以今日知识爆炸时代，非博学广知，无以立也。

例一：孔丘，春秋鲁人。孔子知礼好学，入太庙每事问。以能问于不能，尝言："三人行，必有我师焉！"其好学切问，故能开儒门道统，成千秋师表，为百世圣人。

例二：司马迁，汉人。迁读古今万卷之书。南游江淮，上会稽，探禹穴，窥九嶷。浮于沅湘，北涉汶泗。讲业齐鲁。征巴蜀。略昆明。于是厥协六经异传，整齐百家杂语，以成《史记》。

高言危行，所以修身。

孔子云："邦有道，危言危行；邦无道，危行言逊。"乱世尤忌才高德薄，慎之！慎之。

例一：管宁，魏人。宁与华歆、邴原交善，并有令名，时号一条龙。尝与歆同席读书，有乘轩冕过门者，歆废书观之，宁乃割席分坐曰："子非吾友也。"会黄巾之乱，宁走辽东，往见太守公孙度，语惟经典，不及世事。乃因山为庐，凿坯为室，越海避难者，皆来就之，旬月而成邑。遂讲诗书，陈俎豆，饰威仪，明礼让，非学者无由见。由是度安其贤，民化其德。

例二：王通，隋人。通于隋仁寿间，西游长安，上太平十二策，知谋不用。乃退居河汾教授，受业千数，仿《春秋》作《元经》，又为《中说》以拟《论语》。初唐薛收、李靖、房玄龄、魏徵等，皆曾北面受王佐之道，卒开初唐之盛。清颜古翁有句："门罗相府文中子。"盖指此也。

恭俭谦让，所以自守。

俭为立身之本，谦为众德之基。仁者必世而后兴，所以恭俭谦让，积其德也。

例一：周文王，商人。文王积善累德，诸侯响之。其治周也，近悦远来。入其界，耕者让畔，俗皆让长，由是归之者四十余国。三分天下有其二，犹服事殷。后其子武王灭纣，有天下八百年。

例二：羊祜，晋人。祜督荆州拒陆抗，度不能以兵胜，乃绥怀远近，甚得江汉人心。军居轻裘缓带，身不披甲，恭俭谦让，修德以来吴人。卒时，南州号恸，吴守边将士亦为泣下。祜先举杜预以继，用其谋，吴灭。

谋深计远，所以不穷。

谋深计远,所以久安而无穷也。

例一:姜尚,周人。太公望封于齐,齐有华士者,义不臣天子,不友诸侯,人称贤。太公使人召之三,不至,命诛之。周公曰:"此人齐之高士,奈何诛之?"太公曰:"夫不臣天子,不友诸侯,犹望得臣而友之乎?不得臣而友之,是弃民也。召之三,不至,是逆民也。而旌之以为教首,使一国效之,望谁与为君乎?"

(后齐终无惰氏,不为弱国。太公之远谋也。)

例二:萧何,汉人。何佐高祖,兵下咸阳,诸将皆争走金帛财物之府分之。何独先入,收秦丞相御史律令图书藏之。后楚汉之争,沛公具知天下阨塞、户口、强弱、民所疾苦者,皆出萧何之计远也。

亲仁友直,所以扶颠。

友者,五伦之一。孔子论友,益者三,损者三,以其关系一生,不可忽也。

例一:魏无忌,战国魏人。信陵君夺兵救赵,留赵。闻处士毛公、薛公藏于市井,乃间步往访,游甚欢。后秦伐魏,魏遣使求救于公子,公子感夺符救赵事,言敢为魏使通者死,宾客莫敢劝。毛公、薛公往见,曰:"公子所以重于赵,名闻诸侯者,徒以有魏也。今秦攻魏,魏急,而公子不恤。使秦破大梁,而夷先王之宗庙，公子当何面目立天下乎？"语未竟，公子变色，告车趣驾归救魏，合五国之兵破秦。

例二：周昌，汉人。昌尝燕时入奏事，高祖方拥戚姬，昌还走。高祖逐得，骑其项问：我如何主也？昌仰曰："陛下即桀纣之主也。"于是上大笑，然尤惮昌。及帝欲废太子，而昌廷争之强，上问其说。昌口吃而又盛怒，曰："臣口不能言，然臣期期知其不可，陛下虽欲废太子，臣期期不奉诏。"上欣然笑。后太子用留侯策，遂安。

近恕笃行，所以接人。

恕笃之道，所以接人息怨，孔门"仁"之外用也。

例一：光武帝，汉君。光武诛王郎，收文书，得吏人与郎交关谤毁者数千章。光武会诸将烧之，曰："令反侧子自安。"

（曹操破袁绍后，师此故事。）

例二：文宗，唐君。文宗将有事南郊，祀前，本司进相扑人。上曰："我方清斋，岂合观此事！"左右曰："依旧例，已在门外祗候。"上曰："此应是要赏物，可向外相扑了，即与赏物令去。"又偶观斗鸡，优人称赞大好鸡。上曰："鸡既好，便赐汝。"

（不扬前人之过，不开奸佞之端。仁恕慎笃，革弊于无形。）

任材使能，所以济务。

任材能使，所以人尽其才，各安其位也。

例一：韩滉，唐人。滉节制三吴，所辟宾左，随其才器，用之悉当。有故人子投之，更无他长，尝召之与宴，毕席端坐，不与比座交言。公署以随军令，监库门。此人每早入帷，端坐至夕，吏卒无敢滥出入者。

例二：钱镠，五代人。镠为吴越王，尝游府园，见园卒陆仁章树艺有智，而志之。及淮南围苏州，使仁章通言入城，果得报而返。镠以诸孙畜之。

瘅恶斥谗，所以止乱。

谗为乱源，孔子所谓浸润之谮，肤受之愬也。

例一：孔子，周人。孔子与少正卯同时，孔子之门人三盈三虚。孔子为大司寇，戮之于两观之下。子贡进曰："夫少正卯，鲁之闻人，夫子诛之，得无失乎？"孔子曰："人有恶者五，而盗窃不与焉。一曰心达而险，二曰行辟而坚，三曰言伪而辨，四曰记丑而博，五曰顺非而泽。此五者犯其一，则不免于君子之诛。而少正卯兼之，此小人之桀雄也，不可以不诛。"

例二：牛弘，隋人。弘有弟好酒而酗，尝醉射杀弘驾车牛。弘还，其妻迎谓曰："叔射杀牛！"弘直答曰："可作脯。"

推古验今，所以不惑。

譬夫五经，载前贤之经历也。告诸往而知来者，是以不惑。

例一：张良，汉人。汉三年，项羽急围汉王于荥阳。汉王恐忧，用郦食其计，拟复六国之后以挠楚权。良闻之，推古今之同异，反复以八事譬陈，汉王乃罢前议。越三年，汉一统天下。

例二：曹操，汉人。何进谋诛宦官，何太后不听。进乃召董卓，欲以兵胁之。操闻之，乃笑曰："阉竖之官，古今皆有，但世主不当假之权宠，使至如此。既昭其罪，当诛元恶，一狱吏足矣！何必纷纷召外将乎？欲尽诛之，事必宣露，吾见其败也。"

（卓未至，进被杀。卓至，汉大乱。）

先揆后度，所以应卒。

揆度以行，事必成。谋而后动，功必竟。

例一：郭嘉，汉人。曹操将征袁尚及三郡乌丸，诸下多惧刘表使刘备袭许昌根本。嘉曰："公虽威震天下，胡恃其远，必不设备，轻骑一举可破也。刘表坐谈之客，自知才不足御备，重任之则恐不能制，轻任之则备不为用，虽虚国远征，公无忧矣。"操用其言，卒应全功。

例二：万二，明人。嘉定安亭万二，富甲一方。有人自京回，万问其见闻。其人曰：皇帝（明太祖）近有诗："百僚未起朕先起，百僚已睡朕未睡；不如江南富足翁，日高丈五犹拥被。"万叹曰："兆已萌矣！"即买巨航载妻子，泛游湖湘而去。不二年，江南大族以此籍没，万二卒获令终。

设变制权,所以解结。

设权变以解结避怨,所以善其后也。

例一:楚庄王,春秋楚君。庄王宴群臣,日暮继烛,命美人行酒,会烛灭,有引美人衣者。美人绝其缨,告王趣火察之。王曰:"奈何显妇人之节而辱士乎?"命曰:"今日之饮,不绝缨者不欢。"群臣尽绝缨而后火,极欢而散。及楚郑交兵,楚不利,一将奋力冲突,五获敌首,卒胜郑。庄王询之,则夜宴绝缨者也。

例二:秦桧,宋人。桧为相,有士人某,假其书谒扬州守,守觉其伪,乃并人书押回。桧见之,假之官资。或问其故。曰:"胆敢假桧书,必非常人也。若不以一官束之,则北走胡,南走越矣。"

括囊顺会,所以无咎。

顺其势利,当取则取。

例一:孔融,汉人。汉末,徐州牧陶谦病笃,谓别驾糜竺曰:"非刘备不能安此州也。"谦死,竺率众迎备,多方劝行,备逊辞。孔融曰:"今日之事,百姓与能,天与不取,悔不可追。"备遂领徐州。

例二:王某,宋人。王某任浙西一监,初莅任日,吏民献钱物甚丰,曰下马常例。王公见之,以为污己,便欲作状,并物申解上司。吏辈祈请再四,乃令取一柜,以钱物悉纳其中,对众封缄,置于厅治。戒曰:有一小犯,即发。由是吏民惊惧,课息俱备。比终任荣归,登舟之次,吏白厅柜。公曰:"寻常既有此例,须有文牍可证。"吏赍案至,俾舁柜于舟,放流而去。

橛橛梗梗,所以立功。

橛梗如楷,其介如石,不随流俗,乃得成事立功。

例一:冯异,汉人。异好读书,通兵法。从光武,进止有表识。诸将从光武战,每并坐论功,声喧内外。异乃独屏树下。一军敬之,号之"大树将军"。

例二:吕文靖,宋人。仁宗时,大内灾,宫室略尽。比晓,朝者尽至,日晏,宫门不启,不得问上起居。两府请入对,不报。久之,上御拱宸门楼,有司赞谒,百官尽拜楼下,吕独立不动。上使人问其意。对曰:"宫廷有变,群臣愿一望天颜。"上为举帘俯槛,见之乃拜。

孜孜淑淑,所以保终。

创业维艰,令终尤不易,故须勤勉惕励以保之。

例一:曹参,汉人。参曾佐高祖,后继萧何为相。举事无所变更,一遵何约束,无所事事。惠帝让参,参免冠谢曰:"陛下自察圣武孰与高帝?"曰:"朕安敢望高帝乎?"曰:"陛下观臣能孰与萧何贤?"曰:"君似不及也。"参与曰:"陛下言之是也,且高帝与萧何定天下,法令既明。今陛下垂拱,参等守职,遵而勿失,不亦可乎?"惠帝称善。

例二：诸葛亮，蜀汉人。亮佐刘备于颠困，孜孜淑淑，一生慎重。其治蜀也，抚百姓，示仪轨，约官职，从权制，开诚心，布公道。尽忠益时者，虽仇必赏。犯法怠慢者，虽亲必罚。服罪输情者，虽重必释。游辞巧饰者，虽轻必戮。善无微而不赏，恶无纤而不贬。庶事精练，物理其本。循名责实，虚伪不齿。终于邦域之内，咸畏而爱之。故三国鼎峙，并以偏弱，犹能用武南北，诸葛亮之功也。

本德宗道章第四

夫志心笃行之术，长莫长于博谋。

本书言"原始"以标宗旨，继"求人之志"概论人才，"正道"以示道本为正。本章言"本德宗道"，后章结之以"义""礼"，盖长短之术，实基于道德也。

故君子动必有因，出入不苟。藉名位以为用，设权变以行仁。先高其志，慎笃其行，修道德，广识见，通古今，衡权变。如是必能长于谋，成于事也。

例一：苏秦，战国周人。秦长于谋辩，挟术以干秦惠王，不中。裘敝金尽，色槁形枯。乃赋归苦读，究太公《阴符》，倦欲眠，辄引锥自刺其股。期年揣摩有成，以说赵王，倡纵抗秦，佩六国相印，名重诸侯。六国用其谋，秦兵不敢出关者十五年。

例二：张良，汉人。良祖、父相韩五世，灭于秦。良誓报之，乃散金结客刺始皇，不果。亡命下邳，逢圯上老人受教，读书养气十年。后佐高祖，言必从，谋必果，高祖既定天下，论功曰：运筹策帷帐中，决胜千里外，子房功也。

安莫安于忍辱。

莫大之祸，起于须臾之不忍，故谚云：忍得一时之气，免得百日之殃。

例一：勾践，春秋越君。周敬王二十六年，吴破越。勾践夫妇羁吴，服犊鼻，著樵头，斫剉养马，除粪洒扫。如是三年，谦退忍辱，乃得返越。返后，衣不重彩，食不加肉，与民同苦，经十年生聚教训，文种献七策，用其三而吴灭。

例二：韩信，汉人。信始为布衣，贫无行，常从人寄饮食。偶经市，无赖子辱之曰：若虽长大，好带刀剑，中情怯耳。信能死，刺我。不能死，出我胯下。于是信孰视之，俯出胯下蒲伏。一市皆笑以为怯。

先莫先于修德。

盖世功勋，植基于德。故《易》有言："无其实而喜其名者削，无其德而望其福者约，无功而受其禄者辱。"

例一：秦惠王，战国秦君。苏秦始以连横说之，请并六国。惠王曰："寡人闻之，毛羽不丰满者，不可以高飞。文章不成者，不可以诛罚。政教不顺者，不可以烦大臣，今先生俨然不远千里而庭教之，愿以异日。"秦自是修德图治，至始皇帝而一统天下。

例二：楚昭王，春秋楚君。周敬王十年，吴联唐蔡破楚，昭王亡奔。异年返国，告宗庙，抚百官，曰："失国者，寡人之罪。复国者，卿等之功也。"自是修德安民，练军经武。越十年，其国乃兴，其时唐已覆亡，更灭顿、胡、蔡。

例三：冯谖，战国齐人。谖贫乏不能自存，寄食孟尝君门下，尝使之收债于薛，谖至薛，使吏备牛酒，召诸民当债者，悉来合券。券偏合，起矫命以债赐诸民，因烧其券。即日驰车返报孟尝君，曰："今君有区区之薛，不拊爱其子民，因而利贾之。臣窃矫君命，以债赐诸民，悉烧其券也。"孟尝君称善而心不悦。后期年，齐王罢孟尝君相，因就国于薛。薛民感其德，扶携老幼，迎之于百里外。孟尝君始重谖，复用其谋，再相齐。数十年无纤介之祸。

乐莫乐于好善。

修百善自能邀百福，竭千虑自必致千祥。故谚有云："为善最乐。"

例一：晏平仲，春秋齐人。平仲相齐，敝裘羸马，出使四方，田桓子以为隐君之赐而讽之。晏子曰："自臣之贵，父族无不乘车者，母族无不足衣食者，妻族无冻馁者。齐国之士，待臣举火者三百余人。此为隐君之赐乎？彰君之赐乎？"

例二：范仲淹，宋人。范文仲尝购一宅基，堪舆家谓曰："此当世出卿相。"公曰："诚有之，不敢以私一家。"即捐其地建学，世所传苏州府学是也。

神莫神于至诚。

诚能通神，诚能感物。宋、明诸大儒，多终生究此一字。子思著《中庸》更以"诚"可以与天地参。

例一：诸葛亮，蜀汉人。亮佐备统两川，称帝。寻备崩殂，亮矢志中原，以引众北征，必先定南方。故率师向南，深入不毛，七擒其酋孟获而七纵之。虽云智术，亦至诚也。故历千载，南人感德。

例二：王祥，晋人。王祥性至孝，因继母故，失爱于父。及父母有疾，祥衣不解带，汤药必躬尝。母尝欲食生鱼，时天寒冰封，祥解衣剖冰，将入水求之，忽双鲤跃出。母又思黄雀炙，复有黄雀数十，飞入其幕。乡里惊疑，以为诚之所感。

明莫明于体物。

能体物，则能察其微，而后通人情，明事故也。

例一：孙亮，三国吴主。亮出西苑，方食生梅，使黄门取蜜，蜜中有鼠矢。亮询主藏吏曰："黄门从汝求蜜耶？"曰："向求之，实不敢与。"黄门不服，左右请付狱推之。亮曰："此易知耳。"令破鼠矢，内燥。亮曰："若久在蜜中，当湿透，今里燥，必黄门欲陷藏吏也。"黄门首服。

例二：李若谷，宋人。李若谷守并州，民有讼叔不认其为侄者，盖欲擅其产。累鞫不实，李乃令民返家殴其叔。叔果讼侄忤逆。因而正其罪，分其财。

苦莫苦于多愿。

人心不足,欲海难填。故释氏以有求皆苦,儒门谓无欲则刚。

例一:囊瓦,春秋楚人。囊瓦佐楚昭王,陈、蔡来朝。瓦闻蔡侯有羊脂白玉佩,银貂鼠裘,又闻唐侯有肃霜之马。瓦求之,不许。因囚二侯三年,得之。唐、蔡返,联吴破楚,杀囊瓦,物归原主。

例二:郭开,战国赵人。郭开相赵王迁,贪秦之厚赂,乃卖赵。因之谗廉颇,杀李牧,赵亡。开以藏金多而埋于地,后掘金赴秦,以金多驰缓,为盗所杀。

吉莫吉于知足。

大厦千间,夜眠七尺,珍馐百味,不过一饱。故曰:知止不殆,知足常乐。

例一:公子荆,春秋卫人。荆善居室,始有,曰:"苟合矣。"少有,曰:"苟完矣。"富有,曰:"苟美矣。"孔子称之。

例二:赵简子,春秋赵人。赵简子敝车羸马,衣羊裘。其宰曰:"车新则安,马肥则疾,狐白之裘温且轻。"简子曰:"吾闻之,'君子服善则益恭,小人服善则益倨。'吾以自励,恐有细人之心也。"

例三:孙叔敖,春秋楚人。叔敖仕楚有功,为令尹,临终嘱其子曰:"楚王若封汝官爵,不可受。汝碌碌庸才,非经济之具,不可滥厕冠裳也。若封汝以大邑,汝当固辞,辞之不得,则可以寝邱为请。此地瘠薄,非人所欲,庶几可延后世之禄耳。"

悲莫悲于精散，病莫病于无常。

人之精气，保盈则泰。淫之则散，散则病，病可死。持盈之要，首在四肢九窍，故《老子》云："生之徒十有三，死之徒十有三。"又云："五色令人目盲，五音令人耳聋，五味令人口爽。驰骋畋猎，令人心发狂。难得之货，令人行妨。"观于此，可以养生，可以立身。

幽莫幽于贪鄙。

贪心一起，智便幽昏，见利苟得，未有不殉于物者也。

例一：虞公，春秋虞君。虞虢二国，同姓比邻，以为唇齿，其地皆连晋界。晋献公欲伐虢，虑虞为之助。因备垂棘之璧，屈产之乘以诱虞公。虞公贪得，许晋假道，晋因之而灭虢。回师并灭虞，璧、马仍归晋。

例二：公子建，春秋楚人。楚平王以谗，欲杀其世子建，建奔郑。郑定公待之厚，以国弱不能助。时晋思伐郑，乃赂建为内应，许灭郑后立之。建应许，谋未动，事泄，定公乃斩建。

孤莫孤于自恃。

自满者败，自恃者孤。故清人句云："水惟善下方成海，山不矜高自极天。"

例一：养由基，春秋楚人。养由基尝与潘党较射，由基技穿百步杨叶，力透重甲七层，乃恃技自喜。楚共王斥之曰：将以谋胜，汝自恃如此，异日必死于艺。后由基果死于箭。

例二：项羽，楚人。秦失其政，羽起陇亩之中，三年将五诸侯灭秦。分裂天下，而封王侯，政由羽出，号为霸王。羽拔山举鼎，气盖天下，凡七十余战，所当者破，所击者服。然自恃勇力，致辅佐崩离，五年终覆于汉。

危莫危于任疑。

无报人之心，见疑则愚。有报人之心，见疑则危。反之亦是，任则不疑，疑即不任。

例一：王翦，秦人。翦将兵六十万伐楚，始皇送之灞上，翦请良田美室甚众。始皇曰："将军行矣！何忧贫乎？"翦曰："臣及时请之，以为子孙业也。"始皇大笑。翦行至关，使使还请者五。或曰："将军乞贷，亦已甚矣！"翦曰："不然，秦王性忌而忍，今虚国委我，不如此，不足以解其疑也。"

例二：关羽，蜀汉人。刘备据两川，为汉中王，乃拜羽为前将军，假节钺。羽素轻属将糜芳、傅士仁。因使留守荆州，供军需。自率众围樊城，下襄阳。一鼓擒于禁，斩庞德，许都震动。操惧，乃遣使结孙权。权阴诱仁、芳，乃降，袭羽之后，羽卒倾覆。

败莫败于多私。

无取于民者，取民者也。无取于国者，取国者也。无取于天下，取天下者也。故老子云："夫惟不私，故能成其私。"是故以私而动必败。

例一：齐桓公，春秋齐君。齐桓公贪声色腹欲，宠易牙、竖刁、开方，而有志伯天下，故其政悉委管仲。仲死，鲍叔牙继之，自知才不及仲，谏桓公远小人。桓公乃逐刁等，而食不甘味，寝不安枕，口无谑言，面无笑容。仍复召之，刁等遂专事，齐大乱。

例二：杨玄感，隋人。隋炀帝亲征高丽，楚国公杨玄感据黎阳反。李密说之曰："天子远征辽左，去幽州，隔千里。今公权兵趋蓟，扼其喉。南有巨海，北有胡戎，前有高丽，退无归路，不过旬月，赍粮必尽，举麾一召，其众自降，不战而克，计之上也。"杨玄感不听，盖利洛阳宝货，遂围之，失利遭斩。

短莫短于苟得。

《易》曰："安不忘危，存不忘亡。"昔孔子亦以富贵无常而诫王公、勉百姓。是故苟其现实，安于目前者，未有不败亡者也。

例一：英布，汉人。汉高祖时，淮南王英布反。上召薛公问之。对曰："布反，不足怪也。若布东取吴，西取楚，传檄燕、赵，固守其所，则山东非汉之所有也，是为上计。若取吴、楚，并韩、魏，据敖仓，塞成皋。则胜败未可知也，是为中计。若取吴下蔡而归越，此为下计，陛下可安枕而卧矣。"高祖询布军行状，如下计。乃问曰："何以废上而出下计？"曰："布故骊山之徒，此皆为身不顾后，岂有虑远之志哉？"寻果败亡。

例二：刘表，汉人。汉末天下大乱，各称雄据一方，表带甲数十万，领荆州。时曹操破袁绍，举国征乌丸。刘备说表曰："今曹操远征，许都空虚，袭之可得，天下可传檄而定也。"表曰:"吾坐镇荆襄已足。"寻操自柳城返,表悔不用备言。操既返,复引军征表,军未至,表病死,其子降,荆襄易主。

遵义章第五

以明示下者暗。

水太清无鱼,人太明无福。故明之者必也明于内,而憨于外,此领导之要也。

例一:鲍叔牙,春秋齐人。管仲病,桓公谓鲍叔牙可以继之为相,管仲以为不可。易牙往见鲍叔牙,谗之曰:"仲父之相,叔所荐也。今仲病,君往问之,乃言叔不可为政,吾甚不平。"鲍叔牙笑曰:"若吾为政,即汝等何所容身乎?"

例二:郤雍,春秋晋人。郤雍游市井,忽指一人为盗,拘审之,果盗也。荀林父问:何以知之?雍曰:"吾察其眉睫之间,见市物有贪色,见市人有愧色,闻吾之至,而有惧色,是以知之。"时晋年饥多盗,乃使雍司职捕之。大夫羊舌职闻之,曰:"察见渊鱼者不祥,智料隐匿者有殃。一人之察,不可尽群盗,郤雍死矣!"未及三日,郤雍偶行郊外,盗数十人,杀雍而去。

例三:陈平,汉人。孝文帝时,陈平为相。上问天下一岁决狱几何?钱谷出入几何?平曰:有主者。问主者谁?曰:"陛下即问决狱,责廷尉。问钱谷,责治粟内史。"

有过不知者蔽。

有过不知之谓蔽，知而不改之谓愎。

例一：刘备，蜀汉主。刘备据川称帝，急关羽之遇害，乃兴兵伐吴。吴遣诸葛瑾为使求和，曰："陛下以关羽之亲何如先帝？荆州大小孰与海内？俱应仇疾，难当先后？"备不省，败归。

例二：关羽，蜀汉人。备进汉中王，羽镇荆州。时孙权拟联刘拒曹，乃遣使求羽女为媳。羽怒斥之曰："虎女安嫁犬子乎？"诸葛亮闻之曰："荆州危矣！"

迷而不反者惑。

迷于欲者，欲伐其性。迷于物者，物伐其志。迷于己者，增其过，败其事。

例一：阖闾，春秋吴君。阖闾以孙武、伍员为将，既破楚，孙武进曰：兵以义动，方为有名，以楚王无道，故我破之。今宜召太子建之子芈胜，立之为君，使主宗庙，以更昭王之位。楚必相安而怀吴德，世世贡献不绝。王虽赦楚，犹得楚也。阖闾贪灭楚之利，不听。楚申包胥泣秦庭，乞师破吴。

例二：重耳，春秋晋人。周襄王八年，晋乱，公子重耳奔齐。齐王妻之以齐姜，美而贤，重耳迷之，朝夕欢宴，七年安逸，无复远志。诸从者急，赖齐姜贤，共谋之。姜醉之以酒，连衾席以出重耳，百里始觉。后返晋兴国，称伯诸侯，是为晋文公。

以言取怨者祸。

行在言先，权我祸人。言而未行，权人祸我。况复空言耳。

例一：彭羕，蜀汉人。彭羕为人所谤，刘璋钳之为徒隶。会刘备入蜀，羕得从，先生礼遇之。羕起徒步，一朝处州人之上，形色嚣然，备乃左迁羕为江阳太守。羕不悦，往诣马超诱之曰："卿为其外，我为其内，天下不足定也。"超具表羕辞，乃收羕付有司，论斩。

例二：杨仪，蜀汉人。仪从诸葛亮，多有劳绩。亮卒，以蒋琬代之，仪不平，语费祎曰：往者丞相亡没之际，吾若举军以就魏氏，处世宁当落度如此邪！令人追悔不可及。祎密表其言，废仪为民。仪复上书，辞指激切，遂下郡收仪，仪自杀。

令与心乖者废。

令与心乖违，其事必废而不果。

例一：武灵王，战国赵君。赵武灵王胡服骑射，国势大振。先立长子章为太子，后废之，复立次子何。武灵王以诸将不可专任，乃传位于次子何（惠王），自将兵，称曰主父。主父廷见章拜惠帝，不忍，复欲分其国，使二子分治，遂致乱。主父遭兵围困沙丘宫，饿死。

例二：袁绍，汉人。绍发兵迎曹操，田丰说绍曰：曹公善用兵，变化无方，众虽少，不可轻也，不如以久持之。将军据山河之固，拥四州之众，外结英雄，内修农战。然后简精锐，出奇兵，乘虚迭出，以扰河南。救右则击左，救左则击右，使敌疲于奔命，不及二年，可坐克也。今释庙胜之策，而决成败于一战，若不如志，悔无及也。绍不从，以为沮众，系之狱。绍军既败，或谓田丰曰：君必见重。丰曰：若军有利，吾必全。今军败，吾必死矣。绍还，谓左右曰："吾不用田丰言，果为所笑。"遂杀之。

后令谬前者毁。

出尔反尔，其令不行。

例一：楚平王，春秋楚君。楚平王令太子建出镇城父，以奋扬为城父司马，谕曰："事太子如事寡人也。"后又密谕奋扬杀太子，扬先使使私报太子逃。反告平王曰："太子逃矣。"平王怒曰："言出余口，入于尔耳，谁告建耶？"扬曰："臣实告之，君王有命：事建如事寡人。"

例二：曹操，汉人。操以刘备有英雄之誉，能得众心，故留之许都，阳示宠敬，阴以羁縻。后遣备出徐州，拒袁术。董昭谏曰："备勇而志大，关羽、张飞为之羽翼，恐备之心未可得论也。"操曰："吾已许之矣。"于是备得脱，后终成鼎足。

怒而无威者犯。

内养不足，则怒而无威。内善既充，不怒而威。

例一：刘法，宋人。童贯属将刘法，与夏战于统安城，大败，法弃军潜遁。距战地七十里，四顾无人，乃下马卸甲，暂图休息。少顷，数人负担前来，法向之索食，不允。法瞋目大怒曰："不识刘经略乎？"一人进曰："将军便是刘经略，小人有食奉献。"乃向担中取刀,杀法并取首而去。

例二:赵尔丰,清人。清末,赵尔丰督四川。适清廷有令,收铁路为国有,川民不服。赵怒斥请愿代表,并欲严办,遂招致民变,全川响应,武昌起义成功,赵被杀。

好直辱人者殃。

辱人必召怨,怨则殃。

例一:齐顷公,春秋齐君。齐顷公嗣立,晋、鲁、卫、曹各遣使聘。晋使郤克眇一目,鲁使季孙行父秃发,卫使孙良夫跛足,曹使首驼背。散朝,例款私宴。顷公乃预先眇、秃、跛、驼各一人以为御,使宫眷居崇楼窥之,无不大笑。四使反宾馆,无不气愤,乃共谋伐齐,齐乱自此始。

例二:秦昭襄王,战国秦君。秦昭襄王与赵惠文王会于渑池,置酒为欢。饮至半酣,秦王曰:"寡人窃闻赵王善于音乐,寡人有宝瑟在此,请赵王奏之。"赵王面赤,然不敢辞。秦侍者进瑟,赵王为奏《湘灵》一曲,秦王称善,顾左右召御史,使载其事曰:"某年月日,秦王与赵王会于渑池,令赵王鼓瑟。"赵蔺相如进曰:"赵闻秦王善于秦声,臣谨奉盆缶,请秦王击之,以相娱乐。"秦王怒,色变不应。相如即取盛酒瓦器,跪请于秦王之前,秦王不肯击。相如曰:"大王恃秦之强乎,今五步之内,相如得以颈血溅大王矣!"左右斥相如无礼,欲前执之。相如张目叱之,须发皆张,秦王心惮相如,勉强击缶一声。相如召赵御史书简曰:某年月日,赵王与秦王会于渑池,令秦王击缶。秦王欲兵劫之。谍报赵设备甚严,乃更进献酬,假意尽欢而罢。

戮辱所任者危。

任而不专，或任而不信，未有不败覆危亡也。

例一：赵迁，战国赵君。秦将王翦侵赵，赵王迁任李牧为将拒之。牧将大军屯灰泉山，翦素惮牧军威，不敢犯，赵亦倚之为长城。秦乃用反间，赵王不察，令赵葱代李牧，并斩之。赵遂败亡。

例二：朱由俭，明帝。袁崇焕，万历进士，负胆略，喜谈兵。清军入宁远，边防赖崇焕得全，后扼于魏忠贤，乞归。崇祯初，起兵部尚书，镇宁远，清兵不敢犯。寻被诬下狱，磔于市，天下冤之。自是边事无人，明亡。

慢其所敬者凶。

昔所敬者，而今慢之，乃其意已怠，其志已堕。

例一：刘戊，汉人。刘交王楚，尝用名士穆生、白生、申公为中大夫，敬礼不衰。穆生不嗜酒，交与饮时，特为置醴，藉示敬意。交殁，次子郢客嗣封，优敬三人，一如往昔。郢客殁，子戊袭爵，初尚勉绳祖武，继渐耽酒色，召穆生，不为设醴。穆生退席长叹曰："醴酒不设，王意已怠。君子见机而作，不俟终日。"乃与白生、申公同谢病而去。未几，吴楚等七国叛，周亚夫平之。

例二：袁绍，汉人。北海郑玄，汉学泰斗，天下人望。绍慕其名，延征之而不加礼，赵融闻之曰："贤人者，君子之望也。不礼贤,是失君子之望也。夫有为之君,不敢失万民之欢心,况于君子乎?失君子之望,难乎有为矣!"后绍果败亡。

貌合心离者孤。

貌合而心异,其势必孤,其力必散,其事必败。故俗语云:"三人同心,其利断金。"

例一:袁绍,汉人。汉末,董卓废帝专权。初平元年,后将军袁术、冀州牧韩馥、豫州刺史孔伷、兖州刺史刘岱、河内太守王匡、勃海太守袁绍、陈留太守张邈、东郡太守桥瑁、山阳太守袁遗、济北相鲍信、奋武将军曹操等,拥袁绍为盟主,共起兵勤王讨卓。继以诸军持疑不进,貌合而心离,刘岱桥瑁,交恶相攻,诸将无功,其事遂败。

例二:袁绍,汉人。汉末,袁绍统青、幽、并、冀四州,兵甲数十万。颜良、文丑、张郃等属,俱一时名将。郭图、审配、逢纪、田丰、许攸、沮授等为谋士,雄视天下。尤以田丰等具精谋远略,故孙盛有言:观田丰、沮授之谋,虽良、平何以过之。惜绍不能用,貌合而心离。图谮授,绍疑而黜之。纪谮丰,绍囚而杀之。自是文武离心,谋臣崩散,官渡一败,不能复振。

亲谗远忠者亡。

亲谗则远忠,远谗则近忠,此事理之必然也。故王冲云:"人主好辩,佞人辞利。人主好文,佞人词艳。上有好者,下必甚焉。"观乎此,知所以远谗斥佞也。

例一：卫鞅，战国卫人。鞅仕于秦，变法图强，秦孝公嘉其功，封列侯，号商君。鞅志满，自以功过于五羖大夫，家臣齐媚而贺之。赵良独谏曰："千人诺诺，不如一士谔谔。五羖大夫之相穆公也，三置晋君，并国二十。及其自奉，暑不张盖，劳不坐乘。死之日，百姓如丧考妣。今君相秦八载，法令虽行，刑戮太惨。民见威不见利，知利不知义。且太子与君有隙，何不荐贤自代以求全。"鞅斥退赵良，后五月，太子即位，是为惠文公，捕鞅，五牛而分之。

例二：刘禅，蜀汉后主。后主即位五年，诸葛亮率师北征，上表云："亲贤臣，远小人，此先汉所以兴隆也。亲小人，远贤臣，此后汉所以倾颓也。"亮殁，姜维继其志，才不及亮。后主宠谗远忠，维危惧，不入成都。魏伐蜀，后主降。

近色远贤者昏。

圣贤事业，非英雄所能为之。故色贤之分际，要知所取舍。是以齐桓晋文，犹为霸主。汉武唐宗，不失明君。清龚定盦云："少年已自薄汤武，不薄秦皇与汉皇；设想英雄垂暮日，温柔不住住何乡。"其意虽不足取，已道尽千古英雄人物也。

例一：鲁定公，春秋鲁君。定公任孔子，国大治。齐恐，用黎鉏之计，献女乐于定公。定公喜而纳之，三日不朝，郊祭不礼。孔子行，鲁复不振。

例二：卫灵公，春秋卫君。孔子离鲁适卫，灵公敬之而不能用。一日，灵公载其夫人南子同车而出，使孔子为陪臣。过市，市人歌曰："同车者色耶！从车者德耶！"孔子叹曰："君之好德不如好色。"乃去卫适宋，卫乱。

女谒公门者乱。

《玉铃篇》"门"作"行"，凡女干政，必乱。

例一：杨玉环，唐人。杨玉环为唐玄宗贵妃，其姊妹俱得上宠，封虢国夫人、韩国夫人、秦国夫人。兄杨国忠为相，一门显赫，宫廷出入无禁。后安禄山反，玄宗奔蜀，唐室大乱。

例二：王氏，宋人。宋徽、钦二帝被掳，高宗即位，致力中兴。宰相秦桧下岳飞狱，拟黜其兵权。其妻王氏进曰："擒虎容易放虎难。"桧乃以"莫须有"杀之，韩世忠亦隐于西湖，宋遂偏安，终至覆国。

私人以官者浮。

原秦始皇时，值蝗灾，乃诏百姓纳粟千石，拜爵一级。汉文帝增纳粟赎罪条款。至明景帝时，复增纳监之例。此风至清中叶尤甚。故官位者，国之名器，不可假人。私人以官者，其事必浮，其政必堕。

例一：司马炎，晋帝。晋武帝南郊祭天，顾左右曰：朕可比汉朝何帝？校尉刘毅应声曰：可比桓灵。帝曰：朕虽不德，何至以桓灵相比？毅曰：桓灵卖官，钱入官库；陛下卖官，钱入私门。以此较之，陛下尚不及桓灵！

例二：严嵩，明人。明世宗时，严嵩专事，非私不用。杨继盛劾嵩曰："……郎中徐学诗，给事中厉汝进，俱以劾嵩削籍，内外之臣，中伤者何可胜计，是专黜陟之大权。文武选拟，但论金钱之多寡，是失天下之人心……"明室自兹内政日乱，外侮乃生。

凌下取胜者侵。

孟子曰："君之视臣如手足，则臣视君如腹心。君之视臣如犬马，则臣视君如国人。君之视臣如土芥，则臣视君如寇仇。"故上下之道，上守之以礼，则下尽之以忠。

例一：惠文王，战国赵君。宦者令缪贤得和氏璧，作宝椟藏之。惠文王闻之，乃求之于贤，贤不即献。赵王怒，因出猎之便，突入贤家，搜其室，得宝椟，收之而去。

例二：昭襄王，战国秦君。秦王闻赵王得和氏璧，思欲一见。丞相魏冉曰："王欲见璧，何不以酉阳十五城易之？"秦王讶曰："十五城，寡人所惜，奈何易一璧哉？"冉曰："赵之畏秦久矣，大王以城易璧，赵不敢不以璧来，来则留之。是易城者名也，得璧者实也，王何患失城乎？"秦王喜，即致书赵王求璧。

名不胜实者耗。

名者，人爵也。名不胜质，得之不祥。

例一：赵括，战国赵人。赵奢为赵名将，其子赵括，喜谈兵，而名不胜质。奢临终，戒其妻曰："括若为将，必败赵兵。"会秦侵赵，赵王用括将兵拒之，赵母谏不听。长平一役，赵括败亡,赵降卒四十万,尽为秦坑杀。自是赵之精壮尽亡,国乃不振。

例二:马谡,蜀汉人。谡好论军计,诸葛亮深加器异。先主临薨谓亮曰:"马谡言过其实,不可大用,君其察之。"亮以为不然,以谡为参军。建兴六年,亮出祁山,拔谡为先锋。谡引兵街亭,部署不当,为魏将张郃所破,士卒离散。亮进无所据,乃退军汉中,谡论斩。

略己而责人者不治。

孔子云:子帅以正,孰敢不正。故领导之术,在其身正。朋友之道,在克己以宽人。

例一:季康子,春秋鲁人。季康子执政,君臣竞尚奢华,耽于逸乐。国人尚之,故多盗。季康子患之,乃问于孔子。孔子对曰:"苟子之不欲,虽赏之不窃。"

例二:夷吾,春秋晋君。晋乱,公子夷吾许秦五城以为援,乃得为君,是为晋惠公。惠公既立,背约不与秦城,会连年旱饥,仓廪空虚,民间绝食,秦复输粟济之。越明年,秦国年荒,谋救于惠公,惠公不应,更议伐秦。秦穆公大怒曰:"君欲国,寡人纳之。君欲粟,寡人给之。今君欲战,寡人敢拒命乎?"乃大破晋师,俘惠公。

自厚而薄人者弃之。

自奉厚而薄人,人必弃之。

例一：懿公，春秋卫君。周惠王九年，卫懿公嗣立，不恤国政。尤好养鹤，俸比大夫，乃厚敛于民，以充鹤粮，民有饥冻，不知抚恤，值狄人来侵，人民弃之，曰："何不使鹤拒敌？"遂覆亡。

例二：田单，战国齐人。田单以五里之城，破亡余卒破万乘之燕，复齐七十余城。周赧王卅六年，率师攻狄，三月不能下，鲁仲子曰："今将军有夜邑之奉，西有菑土之娱，黄金横带，而驰乎淄渑之间。有生之乐，无死之心，所以不胜者也。"明日，单自立矢石之所，乃援枹鼓之，狄乃下。

以过弃功者损群。

忘大功而录小过，领导之大忌也。

例一：卫青，汉人。李广自结发与匈奴七十余战，有功，匈奴畏之，号飞将军。广为右北平守，匈奴不敢寇边者数年。后属卫青伐匈奴，以失道故，无功。青使长吏责广之幕府对簿，广乃引刀自刭。一军皆哭，百姓闻之，知与不知，无老壮皆为垂涕。

例二：朱祁镇，明帝。朱祁镇嗣立，是为英宗，宠宦官王振，兵败土木堡，为也先所掳。于谦乃迎立祁钰，是为景帝。谦奏劾宦奸，奋励士气，屡败也先，迎英宗返。景泰七年，英宗复辟，斩于谦。谦死之日，一市为之泣。

下外异者沦亡。

上下离心，内外异志，致群情阻塞，举措失宜，未有不沦亡也。

例一：潘美，宋人。潘美为将拒契丹，王侁为护军，杨业为副将。业有威名，号无敌，契丹畏之。时宋已屡败，业乃议设伏于陈家谷，美、侁为援军，自引众出击。美、侁忌功害能，俟业出师，乃引兵退代州。业转战无援，子延玉战死，业自裁，全军尽覆。至是边境大震，三州相继失守。

例二：赵构，宋帝。徽、钦二帝被掳，赵构即位临安，是称高宗。初李纲、宗泽主战，黄潜善、汪伯彦主和。后高宗用秦桧为相，力主和议。而岳飞、韩世忠等，屡破金兵，欲直捣黄龙，以迎二帝，阴为高宗所忌。桧乃矫诏害飞，黜世忠。宋乃无力北伐，苟且偏安。

既用不任者疏。

用而不任，其情必疏。

例一：刘表，汉人。刘备投刘表，表自郊迎，以上宾礼待之，益其兵，使屯新野。曹操遣将攻表，表用备拒之，大破曹兵，时荆州豪杰归备者日众，表疑其心，阴御之。会操北征乌丸，备说表袭许都，表不能用。

例二：公孙瓒，汉人。公孙瓒与袁绍战，赵云从吏兵诣瓒，瓒虽喜得赵云，然不以重任，云乃以兄丧辞归，后投刘备，多立功勋。

行赏吝色者沮。

功不欲归下，行赏而色吝，则所属离心。

例一：勾践，春秋越君。勾践用范蠡、文种等，灭吴而称霸。吴既灭，勾践筑台于会稽，会宴群臣，乐师引琴而鼓之，台上群臣大悦，惟勾践面无喜色。范蠡退而叹曰："越王不欲归功臣下，疑忌之端已见矣！"次日，辞越王，乘扁舟出齐女门，涉三江入五湖而去。

例二：刘弗陵，汉帝。武帝时，苏武率百余人使匈奴，为匈奴所囚，不为威屈。历十九年，弗陵嗣立为昭帝，终得返汉，须眉尽白，都人士无不嘉叹其节。同返者九人，昭帝或赏或不赏，闻者色沮。

多许少与者怨。

许多与少，或许而不与，此皆结怨尤也。

例一：夷吾，春秋晋君。晋献公薨，诸公子争立。夷吾赂秦五城以为外援，内许里克汾阳之田百万，许郑父负葵之田七十万，书契缄之，使为助，乃得立，是为惠公。惠公既立，却秦五城之许，里克、郑父之田亦不与，至是内外嗟怨。

例二：赵匡胤，宋帝。太祖使曹彬伐江南，曰："俟克李煜，当用卿为相。"潘美闻之，乃贺彬，彬笑曰："尚有太原未下。"及彬俘煜返汴，太祖谓曰："本欲授卿使相，奈刘继元未平，容当少待。"

既迎而拒者乖。

既迎忽拒，是弃旧情而结新怨也。

例一：庞涓，战国魏人。庞涓、孙膑，同学兵法于鬼谷。庞先仕魏，得惠王宠任，付以兵权。庞既得志，乃荐孙膑于惠王。膑既至，庞复忌其能而谮之，并刖膑。膑乃佯狂脱身奔齐。后庞率师侵韩，齐王用膑，率众直袭魏都。庞回师，遇伏败亡。

例二：刘璋，汉人。汉末，璋镇益州，建安十六年，张鲁犯境，璋用法正之谋，迎刘备入川以讨张鲁。备入川，璋复疑而拒之，备乃攻璋，围成都，璋降，备并益州。

薄施厚望者不报。

汉人崔瑗《座右铭》云："施人慎勿念，受施慎勿忘。"此立身之道也，故薄施而求厚报，未有是理也。

例一：齐威王，战国齐君，齐威王八年，楚大发兵加齐。齐王使淳于髡之赵请救兵，赍金百金，车马十驷。淳于髡仰天大笑，冠缨索绝。王曰："先生少之乎？"髡曰："何敢？"王曰："笑岂有说乎？"髡曰："今者，臣从东方来，见道傍有穰田者，操一豚蹄，酒一盂，而祝曰：'瓯窭满篝，汙邪满车，五谷蕃熟，穰穰满家。'臣见其所持者狭，而所欲者奢，故笑之。"于是齐威王乃益赍黄金千镒、白璧十双、车马百驷。髡辞而行至赵，赵王与之精兵十万，革车千乘。楚闻之，夜引兵而去。

例二：豫让，战国晋人。周贞定王十六年，韩、赵、魏三家灭智氏分晋。智氏臣豫让，漆身吞炭，变其声容，为智伯报仇。三次刺赵无卹不中，无卹命斩之，让呼天而号，泪与血下。左右曰："子畏死耶？"让曰："某非畏死，痛某死之后，别无报仇之人耳！"无卹乃问曰："子先事范氏，智伯灭范，子忍耻偷生，反事智伯，不为范氏报仇。今智伯之死，子独报之甚切，何也？"让曰："某事范氏，以众人相待，吾亦以众人报之。及事智伯，以国士相待，吾当以国士报之，岂可一例而观耶？"

贵而忘贱者不久。

贵而忘贱，安而忘危。此皆骄淫佚崩，不可久享也。

例一：刘贺，汉人。汉昭帝崩，无子，乃立武帝孙昌邑王贺为帝。贺初奉诏，手舞足蹈，欢喜失态。既为帝，居丧不哀，荒淫游佚，夫帝王之礼凡千一百廿七事。故即位仅廿七日，霍光等奏太后废之。

例二：洪秀全，清人。咸丰年间，外侮日逼，民不聊生，洪秀全纠众于广西，下武昌，于咸丰三年四月，攻克南京，建太平天国，自号天王，是时洪拥众百万，中外震动。乃不思进取，上下贪图逸乐，荒淫无道，致失民心。杨秀清、韦昌辉等，复争权自残。于是钱江遁隐，石达开远奔，遂为曾国藩等破灭。

念旧恶而弃新功者凶。

汉高祖不以怨而封雍齿，史称其大度。唐太宗不以仇而相魏徵，故为明主。欲成非常之事功，必具非常之器度也。

例一：燕惠王，战国燕人。燕昭王即位，日夜以报齐雪耻为事，乃尊贤礼士，四方豪杰归之。周赧王卅一年，昭王用乐毅为将，六月之内，下齐七十余城，惟莒与即墨未下。乐毅乃解围退军九里,欲使感恩悦附。燕太子乐资谮毅于昭王,昭王笞之二十。昭王薨,乐资嗣立为惠王,恶被笞之恨,使骑劫代乐毅,毅恐见诛,弃家奔赵。齐田单破燕,杀骑劫,尽复齐城。

例二:辛兴宗,宋人。宋宣和二年,睦州方腊作乱,陷六州五十二县,势甚振。会张叔夜招降梁山宋江,使属熙河前军统领辛兴宗,辛予千人,令江攻杭州。杭州贼将方七佛,有众六万,宋江用计攻破,擒七佛,旧属百余人亦伤亡过半。中军统制表江等之功,辛兴宗曰:"宋江等原系大盗,虽破城有功,不过抵赎前罪。"统制王禀不敢争。宋江等即日告退,遁隐终身。

用人不正者殆。

用人不正,其事必危。故孔子有言:为政在人。

例一:赵佶,宋帝。宋徽宗任蔡京为相,童贯为太傅。蔡、童乃议图辽,遣武义大夫马政使金,与约夹攻,安尧臣等谏之不从。后辽覆金兴,侵宋甚辽,徽、钦被掳,北宋亡。

例二:载湉,清帝。载湉嗣立,是为光绪,思变法图强。以受制于西太后,不遂其志,乃任袁世凯,欲以兵胁太后。袁世凯告变,光绪被囚,六君子弃市。后国民革命起,清廷复用袁,袁坐观把持,以遂私利。于是清亡,民国亦乱者二十年。

强用人者不畜。

用人适志,强之者不可久。

例一：曹操，汉人。操攻刘备于徐州，备求援袁绍不果，败逃。备将关羽守下邳，以备眷属居城中，不得突围，乃降汉。操素仰羽风义人才，以恩百计羁羽，羽不为所动。袁绍攻操，进兵白马，羽从操往拒，破绍有功，乃走归刘备。

例二：曹操，汉人。操破袁绍，擒其监军沮授。授本操旧识，爱其才智，乃自释其缚。授大呼曰："吾不降也，愿早赐死。"操厚待之，使留帐下。授复盗马，欲亡归袁氏，操斩之。

（虽云强用人者不畜，亦可见曹操之爱才若渴。故三国人才之盛，以魏为最。）

为人择官者乱。

历代之乱，曰宦官，曰外戚，曰藩镇，曰外患。虽云四，其实一，皆任官不当也。故国之设官，所以理事也，官不称职，其政必乱。

例一：刘彻，汉帝。武帝宠李夫人，用其弟李广利为将，征大宛。广利本非将才，徒以外戚故。劳师十余万，费时四年，大宛降。李归，众不足二万，俘献良马数十匹，武帝喜，封广利为海西侯。

例二：清入关历三朝全盛，骄淫佚逸，八旗已不足恃，满官多不学昏庸。咸丰以来，迭遭外侮，光绪间，二满员上书言事：某御史奏请起用檀道济为将（檀乃刘宋时人，已死千余年）。某京堂奏称日本东北，有缅甸、交趾，日畏之如虎，请遣使结约，夹攻日本。

（清之官吏如此，即无武昌起义，清亦不可久也。）

失其所强者弱。

夫强弱无定型，形势相用也。

例一：孙膑，战国齐人。齐威王与田忌驰射赌胜，忌马力不及，屡北失金。孙膑谓忌曰："齐之良马，聚于王厩，而君欲与次第角胜，难矣！诚以君之下驷，当彼上驷。而取君上驷，与彼中驷角，取君之中驷，与彼下驷角，君虽一败，必有二胜。"忌从之，如其言。

例二：韩信，汉人。汉高祖遣韩信略赵，信背水为阵，杀陈余，破赵军二十万。初，诸将以背水结阵，乃兵法之大忌，皆惊疑，乃问曰：兵法有言，"右背山林，前左山泽"。今将军背水胜敌，何也？信曰："诸君虽读兵书，未得奥旨。岂不闻兵法有言：陷之死地而后生，置之亡地而后存。"

决策于不仁者险。

不仁者，不可以长处约，不可以爱人。其行事也，图险以侥幸。

例一：张温，汉人。汉中平三年，中郎将董卓讨贼无功，朝遣司空张温行车骑将军，董卓受其节制。温以诏书召卓，卓傲不为礼，应对失顺。参军孙坚请斩之，曰："卓轻上无礼，一罪也。章、遂跋扈经年，卓不往讨，沮军疑众，二罪也。卓受行无功，应召稽留，轩昂自高，三罪也。"温不从。

（温若斩卓，曹、袁不得起，汉事尚不可知也。）

例二：王振，明人。明英宗宠宦官王振，振乃揽兵权。其出兵麓川，劳师数十万，转饷半天下，费时十年，得不偿失。东南暂安，复请英宗亲征也先。兵部尚书邝埜、侍郎于谦、尚书王直等谏不从。兵出土木堡，败溃，英宗为也先所掳。

阴计外泄者败。

阴计者，皆出其不意。其计既泄，则明暗易形，强弱易势，未有不败者也。

例一：秦穆公，春秋秦君。穆公使孟明袭郑，军至延津，为郑贾弦高所悉。高伪为郑使，持牛酒迎秦军，曰："寡君闻将军将行师于敝邑，不腆之赋，敬使下臣高远犒从者。"孟明乃驻军不前，诸将不解，明曰："吾千里远涉，出郑人之不意，必可得志，今计已泄，其为备也久矣。攻之则城固难克，围之则兵少难继。"乃袭滑而返。

例二：李建成，唐人。唐高祖李渊定天下，长子建成为太子，世民为秦王，元吉为齐王。太子以秦王功盖天下，不自安，乃结元吉谋秦王。事泄，世民即日伏兵玄武门，于早朝时杀建成、元吉，即位为唐太宗。

厚敛薄施者凋。

厚敛则民穷，民穷则国凋，故曰："穷天下者，天下仇之；危天下者，天下灾之。"

秦之世，筑长城，建阿房。穷天下之财力，自弃于民。陈、吴一呼，刘、项继起，三载而秦亡。故杜牧论曰："亡秦者秦也。"明、清末季，任用非人，官吏皆敛聚奢淫，民穷而财尽。于是寇自内生，侮由外至。此皆厚敛凋民，所以失天下也。

战士贫游士富者衰。

孔子云："以不教民战，是谓弃之。"故立国未有不备战者也。战在练兵，练兵在筹饷，粮饷足，兵乃乐为之用。咸丰之初，贼盛兵衰，粮饷不继也，反之，此曾、李之所以收太平之全功也。

战国二百年，诸侯攻战相伐。游士揣人主之心，弃仁绝义，动之以利害，故有朝为布衣，暮为卿相，而攻战之士，终年暴露。故秦用张仪连横之谋并天下，此乃六国之民，厌弃争战，而诸侯之心，苟其暂安也。

货赂公行者昧。

货赂公行，则屑小谄进，其政必失也。

例一：田因齐，战国齐君。周安王廿三年，因齐嗣立为齐威王，用驺忌为相。时朝臣多称阿（地名）大夫之贤，而贬即墨大夫，忌乃述之威王，威王询左右，亦如是对。威王阴使人往察二邑治状，并召二守入朝，大集群臣，欲行赏罚，群臣皆以阿大夫必有重赏，而即墨大夫危矣！威王先召即墨大夫曰："自子之官即墨，毁言日至。吾使人察之，田野开辟，人民富饶，官无留事。子专意治邑，不肯媚吾左右，故遭毁耳！子诚贤令也。"乃厚赏之。复召阿大夫曰："自子守阿，誉言日至。吾使人视阿，田荒民冻，但贿吾左右，结交廷臣，以求美誉。守之不肖，无过于汝。"乃烹之于鼎，复召左右亲信十余人，皆毁即墨大夫者，亦次第烹之。于是货赂之路绝，而齐大治。

例二：刘志，汉帝。汉桓帝在位，嬖妇寺，宠外戚。朝政日非，货赂公行，宦者侯览献缣五千匹，得封关内侯。白马令李云上书："……'帝者谛也。'今官位错乱，小人谄进，财货公行，政化日损，尺一（诏书）拜用，不经御省。是帝欲不谛乎？"桓帝昏昧不悟，杀李云。

闻善忽略、记过不忘者暴。

齐桓相管仲，魏武用张绣，皆重才释过，此所以霸也。田丰谏袁绍不从，绍囚之，既败，斩田丰。刘敬谏高祖不从，高祖囚之，既困于白登，返，释敬谢过而厚赏之。观古之所以成，所以败，岂曰无端耶！

例一：王允，汉人。汉献帝时，董卓不臣，王允结吕布等杀卓。时蔡邕在王允坐，闻之惊叹，允叱之曰："董卓国之大贼，几亡汉室。君为王臣，所宜同疾，而怀其私遇，反相伤痛，岂不共为逆哉。"即收付廷尉。邕谢罪，愿黥首刖足继成汉史，士大夫多矜救之，不可得。太尉马日䃅谓允曰："伯喈旷世逸才，多识汉事，当续成后史，为一代大典。而所坐甚微，诛之，无乃失人望乎？"允终诛邕。日䃅退曰："王公其无后乎？"

例二：李广，汉人。广饮田间夜归，霸陵尉呵止之。广从骑曰："故李将军。"尉曰："今将军尚不得夜行，何乃故也？"止广宿亭下。居无何，匈奴寇边，武帝召广为右北平守，广请尉与俱,至军而斩之。

所任不可信,所信不可任者浊。

孔子云:"可与共学,未可与适道。可与适道,未可与立。可与立,未可与权。"夫才德难全,故可任(才)者未必可信(德),可信者未必可任。如陆秀夫、张世杰等,忠义流芳,然非治军之才,是亦不可讳也。故宋襄称伯,贻笑于人。曹操征贤,唯才是视,是两者皆偏,要在任之得所,御之有方也。孔子曰:"孟公绰,为赵魏老则优,不可以为滕薛大夫。"

例一:苏秦,战国周人。人恶苏秦于燕王,言其反复无信也。秦谓燕王曰:"使臣信如尾生,廉如伯夷,孝如曾参,以事足下,不可乎?"燕王曰:"可。"秦曰:"有此,臣亦不事足下矣!孝如曾参,义不离其亲。廉如伯夷,污武王而不臣,辞孤竹之君。信如尾生,何肯扬燕齐之威于秦,而取大功乎?如此者,又何能为足下所用哉?"

例二:旻宁,清帝。清宣宗道光帝,在位三十年,颇思振奋求治。然浊于满、汉之见,林则徐、邓廷桢、杨芳等能员,或疑或黜。所信琦善、奕山、奕经等,皆庸昏愚昧,不足任事。故终无成。

牧人以德者集,绳人以刑者散。

文王以德,百里而兴。武王伐纣,诸侯从之者八百。秦有天下,陈涉一呼而崩解。孔子云:"道之以政,齐之以刑,民免而无耻。道之以德,齐之以礼,有耻且格。"

例一：田荣，汉人。齐王田荣，素无恩德于民，为项羽攻破，率残众走平原，刑索于民，民纠众杀之。荣弟田横，能得民心，时项羽立田假为齐王，众乃逐假拥横。俟高祖统天下，横率众五百，匿居海岛。高祖召之，横势不能拒，又耻居下位，距洛阳卅里，自刭，以首付使回报。高祖复遣使驰海岛，召其众至洛阳。众至，闻横死，乃临其墓哭，继以身殉，五百众无一生还。

例二：张纲，汉人。汉顺帝汉安元年，遣光禄大夫张纲等八人巡行州郡，以察贤奸，二千石以下，准便宜行事。纲出都里许，慨然叹曰："豺狼当道，安问狐狸？"即日毁车返都，劾内戚大将军梁冀十五大罪。冀憾之，值广陵贼张婴，杀守聚众数万，乃举纲为广陵太守。陵单车赴任，直趋婴垒，晓谕大义，婴降，散其众。纲治广陵，道之以德，民皆安服。期年，纲病故，一城缞绖哭泣。

小功不赏，则大功不立；小怨不赦，则大怨必生。

秦赦孟明而襄公惧，楚杀子玉而文公喜。观乎此，知赏罚之道也。

例一：曹操，汉人。操征张绣于南阳，绣降。操私绣婶，绣恨攻操，操伤，几不能免，长子昂、侄安民均遇害。袁、曹之争，贾诩谏绣降操，曰："夫有霸王之志者，固将释私怨，以明道于四海。"绣从之，操待之宽厚，后多立战功，封侯。

例二：李世民，唐帝。贞观十九年，唐太宗亲征高丽。安市之战，太宗见一白袍将，当先突阵，锐厉无前，乃召询之，即小校薛仁贵。太宗即予奖励，面授游击将军，并赐金帛骏马。仁贵感奋，多立大功，高宗时，回纥寇边，仁贵往平之。

赏不服人，罚不甘心者叛。赏及无功，罚及无罪者酷。

刑赏不中，则政令不行。政令不行，乱乃滋生。

例一：楚平王，春秋楚君。楚平王信无极之谗，杀功臣伍奢及其长子伍尚。奢次子伍员以父兄无罪见诛，誓欲报之，乃奔吴。十九年后，伍员率兵破楚，时平王已殁，出其尸而鞭之。

例二：朱厚照，明帝。明武宗性好嬉游，宠任宵小。钱宁、江彬等，身无寸功，但事谄佞，导帝微游，皆封高位。朝廷大臣，武宗任情侮辱，或罚廷跪，或加廷杖，杖毙者十余人，复谪王守仁于贵州。至是言路断绝，国事日非，河北盗起，安化王寅镭、宁王宸濠，先后皆叛。

听谗而美，闻谏而仇者亡。

夫人主（领导者）之通病有三，曰好谀、好货、好色。尤以好谀，明主不免。故重禄不谏，畏罪不言，此亡国之风也。

例一：纣王，商君。纣王酒色荒淫，箕子谏而被囚，比干谏而见杀，忠良尽退，佞谀满朝。武王起兵，诸侯响应，纣王自焚而死，商亡。

例二：刘欣，汉帝。汉哀帝刘欣，昏淫荒乱。尚书仆射郑崇，正直敢言，进见必著革履，橐橐有声，故哀帝闻声而知郑至，心甚厌之。尚书令赵昌，专务谄媚，乃谮郑交通宗族，必有阴谋。哀帝召郑责曰："君门如市，奈何欲禁遏主上？"郑曰："臣门如市，臣心如水。"哀帝恨郑答言不逊，囚之，郑死狱中。

能有其有者安，贪人之有者残。

哀公问于有若曰："年饥，用不足，如之何？"有若对曰："盍彻乎？"曰："二，吾犹不足，如之何其彻也？"对曰："百姓足，君孰与不足；百姓不足，君孰与足！"故恩盖天下，然后能保天下。安天下者，天下恃之。

例一：刘恒，汉帝。汉文帝刘恒，一生俭约，治陵寝用瓦具。历代兵乱，汉陵多遭挖掘，独文帝陵得安。

例二：孟昶，五代蜀人。宋太祖使曹彬伐蜀，蜀主孟昶降，太祖羁之汴京。昶殁，宅内供帐等，悉收大内，卫卒见其溺器，用七宝装成，精致异常，亦收陈宫中。太祖见之，曰："溺器以七宝装成，试问以何器贮食？奢靡至此，不亡何待？"乃碎之。

例三：慈禧后，清人。清末，中法之役，马江败绩，闽海舰队丧亡殆尽。清廷以海氛日恶，决议大兴海军，乃筹集巨资。光绪十二年，慈禧后拉那氏，耽于游乐，乃拨是项经费三千万金，修缮颐和园。未及二年，甲午中日之战，清海军不堪一击。乃割地赔款，国势日弱，终至覆亡。

安礼章第六

福在积善，祸在积恶。

司马迁之论礼："洋洋乎美德乎，宰制万物，役使群众，岂人力也哉！"故天以礼则四时分，地以礼则万物序，人以礼则五伦别。此《素书》六章，所以殿之以礼也。

《易》云："积善之家，必有余庆。积不善之家，必有余殃。"又谚云："刻薄成家，理无久享。"孔子亦云："君子之泽，三世而斩。"此皆言善恶之积，应之于事也。故文王以屡世之德，有天下八百年。秦、元之得天下，兴之也霸，溃之也速。宋得之于小儿，失之于小儿。清以孤寡入主，复以孤寡逊位。此善恶祸福之大者也。盖天地之道，日中必移，月满必亏，泽满则溢。人之道，泰则骄，逸则奢，骄奢既起，恶则随之，此所以召祸也。福则反是，所以积善得长享也。故善福祸恶，本章之纲宗，应世之先诀也。

怨在不舍小过，患在不预定谋。饥在贱农，寒在惰织。

情不顺则怨，事无谋则变。故舍小过所以顺人情，彻上下。决计预谋以理事，变未生而弥之，势未成以导之，此所以无为而治天下也。贱农则民饥，惰织则民寒，理有必然，事有必至者也。故衣与食，民之命脉也。通人情，明世故，理事之根本也。

安在得人，危在失士。富在迎来，贫在弃时。

孔子论政，曰举贤才，又曰既富矣，则教之。管仲以衣食足而伯齐，商鞅以富国而强秦。周用姜尚，汉任张良，此得人也。项羽黜范增，刘宋斩檀道济，此失士也。故得人则政通，政通则人和，所以来远者，富国家。国富而治，既治则教，礼乐行矣。此理国之大经也。

上无常操，下多疑心。轻上生罪，侮人无亲。近臣不重，远臣轻之。自疑不信人，自信不疑人。枉士无直友，曲上无直下。危国无贤人，乱政无善人。

本节论君道之大略，言统领之精要也。

《左传》云："国将亡，必多制。"夫政如是，人亦如是，故居上者无常守，则居下者无所从，此致疑生乱之源也。上下之道，以礼则忠，以众则慢，此豫让论众人国士也。先主三顾茅庐，诸葛鞠躬尽瘁。太宗深得此道，天下英雄尽入彀中，此礼贤之得人也。以武帝之刚，不正衣冠，不近汲黯，此所以不敢侮下，不敢轻士也。

夫御下之道，曰恩曰礼，曰信曰任。齐桓任管仲，景公任晏婴，皆信之任之，尊之礼之，故其国治也。

夫枉士无直友，曲上无直下，物以类聚也。故上好谀则谄佞进，上好武则贲育来，犬马则韩卢屈乘具，美色则胭脂金粉陈。故曰危国无贤人，乱政无善人，非无善贤也，佞幸陷之，人主杀之，善贤不安于位也。昔张良、陈平、韩信，均曾事项羽，而终奔沛公。孔子云："危邦不入，乱邦不居。"

爱人深者求贤急，乐得贤者养人厚。

殷有三仁，周有八士，汉得三杰而称帝，蜀因诸葛而三分，本节再引斯旨，成事以人也。故古之欲申大义于天下者，皆以求才为尚，故周公躬吐握，刘备顾茅庐，燕王聚黄金之台，光武下求贤之诏。得贤则治，昔子产治郑，遗颂甘棠。西门治邺，民怀其德。故古之明主，不爱尺璧寸珠，而以贤才为国之宝也。

国将霸者士皆归，邦将亡者贤先避。

昔齐桓用管仲，宁戚干进。秦穆公欲霸诸侯，繇余来于戎，百里奚来于宛，蹇叔、公孙枝来自宋。商之衰也，微子去。汉将乱也，管宁避，故孔子有言："贤者辟世，其次辟地，其次辟色，其次辟言。"此亦所以自全于乱世也。

地薄者大物不产，水浅者大鱼不游，树秃者大禽不栖，林疏者大兽不居。

本节引申前文，喻领导者之才德不具，器度不宏，则士不为用也。故地气薄者，不产甘美之物。一隅浅水，大鱼难安。无枝之树，鸣禽不依。稀疏之林，难藏大兽。盖其养不厚，不足以自存也。是以马援归汉，商鞅去卫，皆类此也。

山峭者崩，泽满者溢。

本节言自然之理，山峭则崩，基易势也。泽满者溢，形器小也，戒骄逸自满也。盖人之性，处艰困之中，莫不惕厉恐慎。既得志也，则放逸纵情。故今古豪雄，善始者繁，克终者寡。霸吴者夫差，亡吴者亦夫差也。文种之智，强弱越而并强吴，不能全身，苏秦之谋，使六国而小霸秦，死于非命。此无他，峭则崩，满则溢也。故《易》以谦为尚。老子有言："功成、名遂、身退，天之道。"

弃玉抱石者盲。羊质虎皮者饰。衣不举领者倒。走不视地者颠。

本节前论人才，后言理事。怀王之黜屈平而任靳尚，高宗之罢李纲而相秦桧，此皆有眼如盲，弃美玉而抱顽石者也。文质不称，终归覆灭，此魏武之论英雄也。故袁本初勤汉，终成画饼。徐敬业兴唐，总是无功。陈、骆之文笔虽佳，其奈袁、徐之武略不济耶！此羊质虎皮者也。

下言理事之原则，衣举领则整，走视地则安。故孔子任鲁，斩闻人而诡辩之风止。穰苴将齐，戮庄贾而军威振。管仲相齐，开盐田以求富。商鞅用秦，立市木而昭信。高祖入关，宽其法而民心安。诸葛治蜀，严其刑而衰弱起。此皆于千头万绪之中，举一而全赅者也。冯谖为孟尝营三窟，武侯欲北进而先向南。所以计出万全，前呼则后应，左顾则右盼，此决事定谋之先要也。

柱弱者屋坏，辅弱者国倾。

本节总结上文，言人才于国之安危，不可忽也。昔卫灵公无道，而诸侯不敢加兵，何以故？孔子论曰："仲叔圉治宾客，祝鮀治宗庙，王孙贾治军旅，夫如是，奚其丧？"故管仲霸齐，仲死而齐乱。伍员强吴，员死而吴亡。是皆辅者强而国安，辅者弱而国倾也。犹屋之梁柱已朽，屋岂可得以全乎？

足寒伤心，人怨伤国。

道家言人之生理状况，曰："至人之息以踵。"盖阳气达乎四肢，则人安体泰。中气不充，则足易受寒，以人贵头面而轻手足，犹国之重君而轻民也。

是故足为人之根，人为国之本，人无足不立，国无民不成。所以孟子以民为重，君为轻也。昔魏徵之谏太宗："怨不在天，可畏惟人，载舟覆舟，所宜深慎。"犹此理也。故秦之亡，民怨所积也。新莽之溃，民心思汉也。"得人者昌，失人者亡。"此治乱之根本也，故生天下者，天下德之。

山将崩者土先隳，国将衰者人先毙。根枯枝朽，人困国残。

本节承上文，再申"民为国本"之义。夫芽之未萌，其土欲绽。形之欲现，其兆先窥。故山之将崩也，其基必先裂隳。国之将倾也，其民必先凋疲。枝之朽也，乃因根枯。国之破也，缘于民困。故始皇之营阿房、筑长城。隋炀之广离宫、开运河。此皆尽天下之力，竭天下之财，民不堪其困。未有不倾破者也。

与覆车同轨者倾，与亡国同辙者灭。见已失者慎将失，恶其迹者预避之。

本节言历史经验，所以证古知今，通情达故，以趋吉避凶也。昔桀纣以女亡国，幽王亦宠褒姒而灭。武穆迎二圣而见嫌于高宗，于谦立景帝而被疑于英宗。此皆同轨者倾，同辙者灭也。智者以史实为经，以成事为验。袁绍、刘表，皆以废长致乱。曹操幼子植，文才赡敏，独得操宠，欲立为嗣。询之贾诩，诩不答，再三诘之，诩曰："适有所思，思袁本初、刘景升父子耶。"操乃大笑而罢。明太祖立碑禁宦官干权，清世祖立制防妇后预政。故见已失之例必慎之，恶与同败而预避也。

畏危者安，畏亡者存。夫人之所行，有道则吉，无道则凶。吉者百福所归，凶者百祸所攻。非其神圣，自然所钟。

本节总结上文，论祸福存亡之道也。始皇一统天下，鉴周因分封而乱，乃集权中央，意图永保。不意高祖起布衣，提三尺剑而灭之。西汉以秦孤立而亡，乃非刘不王，而七国乱之，外戚篡之。东汉因之而抑后党，而宦官倾之。宋之鉴唐亡于藩镇，杯酒释兵权，而辽金寇之。以唐太宗之明，犹遗武后之失。明太祖之慎，终不免燕王之亦。祸福同源，吉凶相依。惟居高思危，处逸思劳，满思溢，盈思亏，常自惕励，所以转祸为福，常安而久存也。

故行合乎道，履安乎礼，此百福之所眷顾，吉祥长相随也。反之则百祸所攻，百凶相应。此中无主宰，非神非圣，乃自然之理数因果，是故成败在谋，安危在德，祸福无门，惟人自召。

务善策者无恶事，无远虑者有近忧。

本节承上文，论立身处事之大端，回应祸福存亡之理也。

孔子曰：苟志于仁矣，无恶也。故古之明君贤臣，惟善为务。文王之泽，汉文之俭，光武之度，唐宗之仁，陶侃之勤，诸葛之慎，师德之谦，文山之忠，或举而不伐，或任不避嫌。此皆惟善为亲，乃立身之根本也。

战国七雄争霸，以齐楚之势，非不及秦也，而六国终为所并。汉之末，拥众据城者数十，二袁之众，倍于曹操，而悉为操所平。此苟安一时，无复远虑者也。故谋深计远，乃应事之常经也。

同志相得，同仁相忧，同智相谋，同恶相党，同爱相求，同美相妒，同贵相害，同利相忌，同类相依，同义相亲，同难相济，同道相成，同艺相窥，同巧相胜。此乃数之所得，不可与理违。

本节泛论人群利害分合之势，总君臣之道，不可不知也。

颜渊之师孔子，同游于道也；张良之投沛公，共志倾秦也。其交以道。故曰同志则相得也。

武王师姜尚，刘备礼诸葛，君臣抱忧天下之心，其交以义合。故曰同仁相忧也。

智术相敌，势必为谋，如曹操之谋刘备，李斯之谋韩非。故曰同智则相谋。

汉末之十常侍，结党聚敛；万俟卨附秦桧，此皆遂私心而结党。故曰同恶相党。

秦武王有力，任鄙、孟贲依之；始皇好仙，卢生、徐市干进。故曰同爱则相求也。

杨贵妃以色而妒江采苹，赵高争宠而忌李斯。故曰同美则相妒也。

董卓伏诛；李、郭交恶；太平军据南京，韦、杨相谋。此皆势相轧，而不能容。故曰同贵则相害也。

钟会之图邓艾，廉颇之辱相如，皆因其利而忌其功。故曰同利则相忌。

钟子期死，伯牙碎琴；陈胜一呼，刘项响应。此皆所谓同声相应，同气则相感也。

秦之强，六国合而拒之；魏之盛，吴蜀连而抗之；智氏之霸，韩赵魏比而分之。此中徒以利害分合。故曰同类则相依，同义则相亲，同难则互济也。

公孙杵、程婴之全赵氏；三杰之辅汉。其才不一，其用不同，然相辅相成。故曰同道相成也。

后羿善射，逢蒙尽其技而弑之；自古文人相轻，武夫相薄。故曰同艺则相窥也。

晋武帝时，上下竞尚奢侈。王恺用饴沃釜，石崇以蜡代薪。王以椒涂屋，崇则以赤石脂相代。夫百工行业，莫不以巧争新。故曰同巧则相胜也。

此乃数之所得，不可与理违。

以上所揭，非人力为之，乃理数之所因，形势之所趋也。故聪明睿智者，顺则因其理，随其形。逆则导其势，变其数，运乎一心，斯用无穷矣。

释己而教人者逆，正己而化人者顺。逆者难从，顺者易行。难从则乱，易行则理。

本节总结全文，与原始章第一论道德相呼应，以谋略之用，始终不离道德也。

故凡居上位者，宜严己而宽人，正己以化人。身正则不令而行，身不正虽令不从，以德怀人则顺，以力取人则逆。顺其势则行，逆其理则冲；行则理，冲则乱。故孔子云："为政以德，譬如北辰；居其所，而众星拱之。"此为政领之大要也。

如此理身理家理国可也。

盖天地之道，曰易曰简。易者易知，简者易从。夫修齐治平，术则千端，其理则一。惟人情性，至难测也；或惑于智虑，或陋于识见，或困于物欲，或泥于身执，或迷于虚名，或贪于权禄。是以塞其聪明，蔽其心智，随境流转，委诸天命，其愚也甚矣！此六章所述，修齐治平之道，靡不悉备。藏则随处逍遥，用则可运天下于掌也。

太公兵法

上　卷

> 夫主将之法，务揽英雄之心。赏禄有功，通志于众。故与众同好，靡不成。与众同恶，靡不倾。

本文三卷，虽颜曰《太公兵法》，实王者师之学，非泥于兵法一途也。上卷论政（治国之原则），论军（兵法，将才），皆统领之大要，权经之用变也。

"为政在人"。故本文先标宗旨，得人之要，首在得其心；如何得其心？则因人而异也。刘备之得诸葛，动之以义也。曹操之得庞德，养之以恩也。齐桓得管仲，示之以礼也。魏文侯得吴起，利之以禄也。高祖之用韩信，饵之以爵也。故"以饵取鱼，鱼可杀，以禄取人，人可竭"。下续论取天下之机，牧民之理，领众之要。昔纣竭天下之财，武王散之。秦刑天下之民，高祖宽之。武王、高祖以此取天下，与民同好也。汉、隋之末，天饥民穷，复厚敛之。此与众同恶，所以倾覆也。古之明君名将，用此理国而国治，以此治军而军振。昔田穰苴、赵奢、起、牧、广、飞之将，靡不与士卒同甘苦，是以万众一心，战而不殆。故与众同好，义也。义之所在，天下赴之。

> 治国安家，得人也。亡国破家，失人也。含气之类，咸愿

得其志。

本节承接上文，言人才之于国也，得之则安，失之则倾。昔魏用吴起，秦不敢窥西河。赵用李牧，匈奴不敢犯边。吴斩子胥而国亡，越走范蠡而国弱。历史之径途，在乎二三之人才也。"君子乐得其志，小人乐得其事。"君子藉事以伸志，故孔子云："我待沽者也"，是用之在人也，故昔之贤主，莫不以求才为尚。

军谶曰："柔能制刚，弱能制强。柔者德也，刚者贼也。弱者，人之所助。强者，人之所攻。"

本节引古谶纬军志之言，谓柔可克刚，此论理事之法也。老氏云："人之生也柔弱，其死也坚强。万物草木之生也柔脆，其死也枯槁。故坚强者，死之徒。柔弱者，生之徒。是以兵强则不胜，木强则折。强大处下，柔弱处上。"又云："天下莫柔弱于水，而攻坚强者莫之能胜，以其无以易之。"上论柔弱刚强之理尽矣，故刚为贼，人之所共弃。柔者德也，人之所附也。

柔有所设，刚有所施，弱有所用，强有所加，兼此四者，而制其宜。端末未见，人莫能知，天地神明，与物推移。变动无常，因敌转化，不为事先，动而辄随。故能图治无疆，扶成天威，康正八极，密定九夷。如此谋者，为帝王师。

本节承上文，论柔、弱、刚、强之用，能兼此四者，相互为用，则奇正相生，变化无穷矣。其变无穷，则朕兆可隐，神而明之，因致而变化也。昔张良烧栈道，用柔也。韩信出陈仓，用刚也。赵奢破秦，吴起破齐，皆示之以弱，项羽破秦，韩信攻赵，皆形强而下之。

善用之于兵也。刘邦降黥布，先以傲下其势，再以恩结其心，此用之于将也。故善用之者，取天下可得，理国则治，用兵则克，定四方，抚边夷，无不应心。此乃王者之秘学，得之者，可为帝王师矣。

故曰："莫不贪强，鲜能守微，若能守微，乃保其生。圣人存之以应事机。舒之弥四海，卷之不盈杯。居之不以室，守之不以城郭，藏之胸臆而敌国服。"

本节承上文，再伸柔、弱、刚、强之用。老氏云："弱之胜强，柔之胜刚，天下莫不知，莫能行。"盖人之性，莫不以贪强好刚为事，鲜知守弱用柔之微妙也。若知柔弱之妙，则可养身，可以全生，可以保国。是故惟圣者能知此微妙，应机而立事，故《庄子》有言："是其尘垢秕糠，将犹陶铸尧舜者也。"其为用也，至矣！舒之则四海莫为大，退藏于密莫能小。视之无形，听之无声，搏之不可得，而其用变无穷也。

军谶曰："能柔能刚，其国弥光。能弱能强，其国弥彰。纯柔纯弱，其国必削。纯刚纯强，其国必亡。"

本节引军志之言，必刚柔互济，不可专执也。昔文王三分天下有其二，犹服事殷，此用柔也。至牧野鹰扬，孟津观武，此用强也。项羽用兵垓下，夫差争霸黄池，此纯刚而亡。晋和五胡，宋偏江左，此纯弱而削也。复次，庾信《哀江南赋》有言："……于是朝野欢娱，池台钟鼓，里为冠盖，门成邹鲁。连茂苑于海陵。跨横塘于江埔，东则鞭石成桥，南则铸铜为柱，橘则园植万林，竹则家封千户。吴歈越吟，荆艳楚舞……天子方删《诗》《书》、定礼乐，际重云之讲，开士林之学。……"此亦萧梁所以纯柔而覆也。

夫为国之道，恃贤与民，信贤如腹心，使民如四肢，则策无遗所。适如肢体相随，骨节相救。天道自然，其巧无间。

　　以上论以权应变，本节言以经理常。夫国以民为本，故推恩足以保民，此理国之大经也。而保民在任贤，任用之要在信。史尝论崇祯，以君非亡国之君，臣实亡国之臣。此任不得贤，恩所以不下于众也。贞观之治，太宗任臣如腹心，故上下如指，政通人和。此乃天道自然之理，用兵之道，亦如是也。故能万众一心，攻坚不溃，遇强而不乱。

　　军国之要："察众心，施百务。危者安之，惧者欢之，叛者还之，冤者原之，诉者察之，卑者贵之，强者抑之，敌者残之，贪者丰之，欲者使之，畏者隐之，谋者近之，诡者覆之，毁者复之，反者废之，横者挫之，满者损之，归者招之。获固守之，获扼塞之，获难屯之，获城割之，获地裂之，获财散之。敌动伺之，敌近备之，敌强下之，敌佚去之，敌陵待之，敌暴绥之，敌悖义之，敌睦携之。顺举挫之，因势破之，放言过之，四网罗之。"

　　本节所言，乃理国治军之要领，亦承前文，阐刚、强、柔、弱之所变也。夫为政者，必察民心之好恶而措施，昔管仲之论四顺："政之所行，在顺民心，政之所废，在逆民心。民恶忧劳，我佚乐之。民恶贫贱，我富贵之。民恶危坠，我存安之。民恶灭绝，我生育之。能佚乐之，则民为之忧劳。能富贵之，则民为之贫贱。能生育之，则民为之灭绝。故刑罚不足以畏其意，杀戮不足以服其心。故刑法繁而意不恐，则令不行矣！杀戮众而心不服，则上位危矣！

故从其四欲,则远者自亲。行其四恶,则近者叛之。故知予之为取者,政之宝也。"故民有危困之兆,则安而解之。将有疑惧之嫌,则任而欢之。因势叛者使还,冤者使昭,诉者得申,有功则虽卑可贵,有过则豪业必抑,必叛者摧之,此所以杜渐防微,顺人心也。昔先帝兵败白帝,不罪黄权。诸葛用兵中原,寄情孟达。太宗拔薛礼于行伍,诸葛抑魏延于同侪,皆此例也。夫尺有所短,寸有所长,善用人者,用其长才而不录小过,刘备徇法正之贪,曲马超之骄,用其才勇也。故贪欲者使得,善谋者使近,谄佞者远之,遭毁者复之。横强者挫其锋,自满者抑其气。以上皆言理国用人之要,下续论将将用兵之道:"敌欲变者使来之,既服者活之,已降者脱其罪,此攻心为上也。攻城略地,视其险要,或据或守,或屯或走。已得之财物,与士卒共之,既获之地,战将镇之。"昔高祖深用其理,而有天下。下续言临敌之时,须察其虚盈动静,因而乘势,或摧或击,或围或鼓,皆随机而用也。

得而勿有,居而勿守,拔而勿久,立而勿取。为者则己,有者则士,焉知利之所在。彼为诸侯,己为天子,使城自保,令士自处。

本节结上文,言兵贵神速,勿苟安一隅。已立之人,不可轻废。昔项羽立义帝而弑之,立韩王而羁之,致六国离心,反则史家称高祖豁达大度也。天下既定,天下者,天下人之天下也,惟有德者居之,分层制权,为上者如北辰,可垂拱而治矣!

世能祖祖鲜能下下,祖祖为亲,下下为君。下下者,务耕桑,不夺其时。薄赋敛,不匮其财。罕徭役,不使其劳,则国富而家娱。然后选士以司牧之。

本节续论治国之要,盖人性之弱点如是,皆能承上而不惜下,守旧而不达时变。故尊上为臣道之本,推下乃君道之要。理国之要在顺民安众,其重在经济,故农耕以时,差役有节,如此则国富民强,可以教化矣!孔子云:"既富矣,则教之。"管子亦云:"仓廪实则知礼节,衣食足则知荣辱。"皆类此也。

夫所谓士者,英雄也。故曰:"罗其英雄,则敌国穷。"英雄者,国之干。庶民者,国之本。得其干,收其本,则政行而无怨。

前文曾言,治国以人才为要。今再申其义。教化在士,所谓士者,即英雄也,亦人才也。故云:"征召人才,则不为敌用。是我有余而敌不足。"昔六国之才,六国不能用,而悉奔秦,得一天下,即此例也。故人才为国之中坚,庶民为国之根本。苟能人尽其才,野无遗贤。民安其位,社会不平减少,则干强本固,政令通行,国富而民强矣!

夫用兵之要,在崇礼而重禄。崇礼则智士至,禄重则义士轻死。故禄贤不爱财,赏功不逾时。则下力并,敌国削。夫用人之道尊以爵,赡以财,则士自来。接以礼,励以义,则士死之。

本节续论用人之道,在示之以礼,饵之以禄。所谓"礼贤下士",乃历代人君之秘术,网罗人才之不二法门。昔唐太宗使天下英雄尽入彀中,清初三朝亦仿此法,而奠三百年之基业。故赏贤不吝财,赏功不惜爵,于是远近来归,人才聚矣,复接之以礼,动之以义,结之以恩,则未有不肯为我用,此豫让之所以论众人国士也。

夫将帅者,必与士卒同滋味,而共安危,敌乃可加。故兵有全胜,敌有全因。昔者良将之用兵,有馈箪醪者,使投诸河,与士卒同流而饮。夫一箪之醪,不能味一河之水,而三军之士,思为致死者,以滋味之及己也。

军谶曰:"军井未达,将不言渴。军幕未办,将不言倦。军灶未炊,将不言饥。冬不服裘,夏不操扇,雨不张盖,是谓将礼。与之安,与之危,故其众可合而不可离,可用而不可疲,以其恩素蓄,谋素合也。"故曰:"蓄恩不倦,以一取万。"

本节续论领众统御之学,谓为将帅者,必与部下同甘苦,共安危,此乃敌我消长之基因也。昔某将领兵,有馈醇酒一瓶,该将以不能味及全军,乃倾之于河,与士卒同流饮之。夫一瓶之酒,岂可调一河之味?而士卒以主将不私一瓶之酒,皆愿委之性命。下引军志之言:将必有礼。所谓将礼者,凡行军作战,士卒未饮,己不先饮。士卒未食,己不先食。严寒酷暑,服饰与士卒同,安危与士卒共。如此领军,下感其恩,必思效死。故以一当万,百战而不殆也。

军谶曰:"将之所以为威者,号令也。战之所以全胜者,军政也。士之所以轻战者,用命也。故将无还令,赏罚必信,如天如地,乃可使人。士卒用命,乃可越境。夫统军持势者,将也。制胜败敌者,众也。故乱将不可使保军,乘众不可使伐人。攻城不可拔,图邑则不废,二者无功,则士力疲敝。以守则不固,以战则奔北,是谓老兵。兵老,则将威不行。将无威,则士卒轻刑。士卒轻刑,则军失伍。军失伍,则士卒逃亡,则敌乘利。敌乘利,则军必丧。"

本节续论将兵之道，根缘于号令、军政、用命三者。号令者，众军之指南，士卒之所以遵循，将帅之所以寄命也。昔孙武斩吴王之姬，女子闻令而鼓舞，此军令之威也。其次曰军政。军政者，随军之政令措施，补给存养也。此乃养军之根本，胜负之关键，不可不察。复次，论用命。用命者，士气也。军队之士气，在于统领者之威信与决心。故严赏罚，恤下情，三者乃备，而后可将兵。夫筹谋指挥，乃为将之事，而攻搏冲突，实操之于士卒。故非全才之将，不可当方面，未练之兵，不可使攻战。昔魏绛戮杨干而敌国惧，穰苴斩庄贾而晋师逃。故将无还令，如天如地。反之，则赏罚不明，号令不一，将威已失，士卒轻刑，约束不具，士卒逃亡。攻不能拔，围不可破，师老无功，将孤众叛。用之守则不固，战则败北，此谓之老兵。兵既老，则斗志失，令不行，军伍乱，敌乃乘焉，此败亡之兆也。

军谶曰："良将之统军也，恕己而治人，推惠施恩，士力日新，战如风发，攻如河决。故其众可望而不可当，可下而不可胜。以身先人，故其兵为天下雄。"

本节续论为将之道。谓良将之统军，必推恩于众，恕人如己，攻战在前，逸乐在后，则士气高昂，战力日新。战则如飓风之过野，飘忽不定。攻则如江河堤决，势莫能当。其军敌不能撼也。昔吴起为将，日与军中下走，亲如家人。尝为小卒吮疮，卒母闻之而哭，问之，曰："昔其父亦因将军之吮疮，而生必死之念，今吾子又死矣！"

军谶曰："军以赏为表，以罚为里。赏罚明，则将威行。官人得,则士卒服。所任贤,则敌国畏。"

本节论赏罚之精神。凡团体士气,皆以赏激励,用罚劝善威众。故赏罚平明,任人称职,则威令行矣,威令既行,士卒咸服有序。如此军乃可用,敌国服也。

军谶曰:"贤者所适,其前无敌。故士可下而不可骄,将可乐而不可忧,谋可深而不可疑。士骄,则下不顺。将忧,则内外不相信。谋疑,则敌国奋,以此攻伐,则致乱。夫将者,国之命也。将能制胜,则国家安定。"

昔公叔痤荐卫鞅于魏惠王曰:"不用则杀之。"恐为敌所用也,惠王不用其言。鞅奔秦,变法称强,胁及魏土,魏王深悔之。文王见姜尚,斋戒而往。刘备之访诸葛,三顾茅庐。桓公呼管子为仲父。此皆礼贤之风范。故为君之道,在能下士,所以得人也。为将之度,在沉毅,所以镇下也。策谋之算,在深虑,所以求全也。策既定,则不疑,疑则予敌可乘之隙。故将者,国之安危所系,任之得人,则能制其胜势,不战屈人,此国家所以安定也。

军谶曰:"将能清能净,能平能整,能受谏,能听讼,能纳人,能采言。能知国俗,能图山川。能表险难,能制军权。故曰:'仁贤之智,圣明之虑。负薪之言,廊庙之语,兴衰之事,将所宜闻。'将者能思士如渴,则策从焉。夫将拒谏,则英雄散。策不从,则谋士叛。善恶同,则功臣倦。专己,则下归咎。自伐,则下少功。信谗,则众心离。贪财,则奸不禁。内顾,则士卒淫。将有一,则众不服。有二,则军不式。有三,则下奔北。有四,则祸及国。"

本节续论将才。谓将必清廉净介，赏罚平明，加之训整，则军容肃穆，兵可用也。复次，为将者，须备纳谏之度，容人之量，明足以辨察人情世故，知足以透辟地理天文，风俗民情。如是，其用兵也，则知险扼，达人和，顺天时，衡势制变矣。故为将者，必明如圣人，仁如贤者。而后察时代之趋向，酌古今之盛衰。以下回结上文，论将之道有七：一曰求贤。贤者至，则能集思广益。反之为拒谏，予智自雄，如是则英雄散，谋士叛。二曰平赏罚。赏罚平明，士卒心服而众用命。反之则倦怠不前，军心离散。三曰容人。容人则下乐从，敢于负责，事易竟功。四曰不伐。功归于下。一军如城。五曰远谄佞。亲君子则小人自远。贤者自安。六曰廉。廉不贪财，则奸无所生，愚顽可立。七曰去色欲。古之名将，受命之日忘其家，临阵之际忘其身。反之则士卒多淫逸，奸乱生矣。以上七端，将犯其一，则众不服。犯其二，则军容不整。犯其三，则兵不可用。犯其四，则祸及国家。

军谶曰："将谋欲密，士众欲一，攻敌欲疾。将谋密，则奸心闭。士众一，则军心结。攻敌疾，则备不及设。军有此三者，则计不夺。将谋泄，则军无势。外窥内，则祸不制。财入营，则众奸会。将有此三者，军必败。"

本节论治军用兵之道。谓谋虑必缜密深远，内外无可乘之隙。士卒必万众一心，以一当百。用兵如风，贵在神速，使敌不备也。能会此三者，则将兵用命，权衡在手，自然如意。反之，论其禁忌。谋防不严，阴计外泄，则军成被动，受制于敌。上下疑心，群情逸惑，则变生于内。将贪财，则奸娎聚，乱源伏。将犯此，军必败也。

将无虑，则谋士去。将无勇，则士卒恐。将妄动，则军不重。将迁怒，则一军惧。军谶曰："虑也勇也，将之所重。动也怒也，将之所用。此四者，将之明诫也。"

本节论将诫有四：一曰"虑"。将无深谋远虑，则策无所用，辅佐不安。二曰"勇"。将乏勇决，则军心动摇。三曰"沉"。将无沉毅，则轻浮躁进，三鼓而竭，易为敌乘。四曰"不迁怒"。将迁怒，则下无所从，军心散矣。下更引军谶申明斯旨。所谓谋深虑远，计出万全，能持重，不轻敌，此大勇也。兵以怒动，则势如江河。满则溢，盈则泄，故为将者，宜善用其怒而不轻用之。昔李牧镇边，下请战弗许，惟日犒牛酒与士卒嬉。牧察士卒气盛情勃，乃开关一鼓破敌，可谓深明此理也。

军谶曰："军无财，士不来。军无赏，士不往。"

军谶曰："香饵之下，必有死鱼。重赏之下，必有勇夫。故礼者，士之所归。赏者，士之所死。招其所归，示其所死，则所求者至。故礼而后悔者，士不往。赏而后悔者，士不使。礼赏不倦，则士争死。"

上两节皆引军谶之言，其旨则一。谓得天下治天下，皆以人才为主。而得人之要，一在礼，一在赏。尤不可为礼不卒，为赏吝色。此乃历代人君之秘术，亦为本篇之重心也。

军谶曰："兴国之师，务先隆恩。攻取之国，务先养民。以寡击众者，恩也。以弱胜强者，民也。故良将之养士，不易养身。故能使三军一心，则其胜可全。"

本节论军国之道，亦即承申上文礼赏之广义。谓攻战之军，先必重其恩养，以现今术语言之，即厚其俸禄，提高其社会地位，以增强其荣誉心，而后乃可以寡击众，以少胜多。凡强弱易势，在民心之背向。故攻取之势，务先培其元气，人民殷富，其心向之，其势乃充。故良将之于下属，厚于己身，用之则上下一心，可操全胜。

军谶曰："用兵之要，必先察敌情，视其仓库，度其粮食，卜其强弱，察其天地，伺其空隙。故国无军旅之难而运粮者，虚也。民菜色者，穷也。千里馈粮，士有饥色。樵苏后爨，师不宿饱。夫运粮百里，无一年之食。二百里，无二年之食。三百里，无三年之食，是谓国虚。国虚则民贫；民贫则上下不亲。敌攻其外，民盗其内，是谓必溃。"

本节承上文，论国力之虚盈。亦即论用兵之欺敌与虚实，察敌情之微末也。举凡用兵，必先知敌情。兵势未交，察其国力，诸如粮薪、武器之生产存储，已知强弱。察其民心士气，地理山川，已知胜负。复次，补给后勤，为行军之命脉，故兵军未动，粮秣先行。昔高祖定天下，论功赏萧何第一，盖高祖争天下，萧何主后勤无亏，高祖无后顾之忧也。故国力未充，运补无方，上下不和，虽有兵，不可用也。

军谶曰："上行虐，则下急刻。赋重敛数，刑罚无极。民相残贼，是谓亡国。"

本节承上文，亦乃察微之术，外则观敌，内自讼也。凡居上不宽，则为下者必急躁刻薄。如是则税重规烦，民多戾气，此亡国之兆也。

本节以下,皆人君(领导者)察微知人之术,犹今之考核也。

军谶曰:"内贪外廉,诈誉取名,窃公为恩,令上下昏,饰躬正颜,以获高官,是谓盗端。"

凡人内贪欲而故示廉洁,以钓名沽誉。公事乡愿以结私恩,致令公私不分,典章昏乱。而对上则粉饰高呼,此乃官中之盗。一国政风如是,则国必不久。

军谶曰:"群吏朋党,各进所亲。招举奸枉,抑挫仁贤。背公立私,同位相讪,是谓乱源。"

凡政风营私结党,同恶相济,则贤良不安,小人在位,其国必乱。

军谶曰:"强宗聚奸,无位而尊,威无不震,葛藟相连。种德立恩,夺在位权,侵侮下民,国内哗諠,臣蔽不言,是谓乱根。"

本节言国之豪族,虽不在位,然蔓如藤葛,势可薰天,或操纵经济,或干预人事,民受其欺,君受其蔽,臣不敢言。此犹言古之外戚,乃导乱之根本也。

军谶曰:"世世作奸,侵盗县官。进退求便,委曲弄文,以危其君,是谓国奸。"

本节言国之土豪,犹昔之恶讼,今之文化流氓也。此辈舞文弄墨，精通法律空隙，求一己之私欲，勾结恶吏，欺压良民，乃国之奸民也。

军谶曰："吏多民寡，尊卑相若，强弱相虏，莫适禁御，延及君子，国受其害。"

本节言国之政治，法令繁杂，冗员过多，规章之繁，莫可适从，法令之设，绳良民而利小人，则吏无官格，民轻尊卑，众乃离心，国受其害也。

军谶曰："善善不进，恶恶不退。贤者隐蔽，不肖在位，国受其害。"

本节言为君者，优柔寡断，善善而不能用，恶恶而不能去，因循苟且，致奸佞当位，贤才逸隐，国受其损也。

军谶曰："枝叶强大，比周居势，卑贱陵贵，久而益大，上不忍废，国受其败。"

本节言国之本弱末强，犹言昔之封建权臣，今之经济集团也，此辈连党勾结，以势相胁，上欺其君，下剥小民，此败国之本也。

军谶曰："佞臣在上，一军皆讼。引威自与，动违于众。无进无退，苟然取容。专任自己，举措伐功。诽谤盛德，诬述庸庸，无善无恶，皆与己同，稽留行事，命令不通，造作苛政，变古易常。君用佞人，必受其殃。"

本节言风气之流衍，当在位者一二人而已。昔楚灵王好细腰，女子有饿死者，唐太宗重诗书，唐诗乃成绝响。故上用佞幸，则讼风必盛。此辈狐假虎威，进退无节。刚愎自用，有功归己，有过诿人。政无原则，不察民情，一以己之忖度。法无典范，制无恒章，一以己之喜恶。法烦令苛，政令拖留，民受其殃，国受其祸。

军谶曰："奸雄相称，障蔽主明。毁誉并兴，壅塞主聪，各阿所私，令主失忠。"

本节言人君之为小人包围也。凡大奸之人，必貌忠谨，伺人主之喜恶而浸谮之。结党逢迎，上下其手，各阿所私。使上失其聪明，不辨忠奸。历代君王，非大智者，鲜有不为其蒙蔽也。

故主察异言，乃睹其萌。主聘贤儒，奸雄乃迁。主任旧齿，万事乃理。主聘岩穴，士乃得实。谋及负薪，功乃可述。不失人心，德乃洋溢。

本节总结全文。凡为上者，兼听则聪，兼视则明。故察纳众言，始能广其视听，知事理之征兆，窥忠奸之分野。任用忠贤，小人自退。明事理之演变，察历史之迁移，用旧崇德，事易竟功。征野之遗逸，验民情之好恶，国乃可治，其政必有可述。天下者，天下人之天下也。政者，众人之事也。故国以民为本，政以民称便，苟如是，则不失民心，其政必淳，其德乃充。

中　卷

夫三皇无言，而化流四济，故天下无所归功。帝者体天则地，有言有令，而天下太平。君臣让功，四海化行，百姓不知其所以然，故使臣不待礼赏有功，美而无害。王者制人以道，降心服志，设矩备衰，四海会同，王职不废，虽甲兵之备，而无战斗之患。君无疑于臣，臣无疑于主，国定主安，臣以义退，亦能美而无害。霸者制士以权，结士以信，使士以赏。信衰则士疏，赏亏则士不用命。

本节乃中略之首段，言历史政治之演变，其谋略之兴，乃基之于社会形态之变迁，应时代之需要也。

上古三皇之时，社会形简，人心朴质，为上者无言，而天下自化，于道德无其名而合其实，此庄子所谓"鱼相忘于江湖，人相忘于道术"，故言天下无所归功也。降五帝之时，乃法天之象，观自然之理，察万物之情，而定礼制仪。人民去古未远，咸能劝善合道，故虽有礼赏之设，而不以礼赏为用也。三代以还，社会形繁，交往日迫，故王者以道德防之，以律法绳之，设官分职，仪礼大备。然上下无疑，进退合节，此孔子称先王之道也。春秋以来，王室失纲，诗礼之精神已失，诸侯争霸，纵横之术因势大行。虽云动之以术，然必以信赏为根本，仍不离道德之范畴。观乎此，则知三代以上，有谋略而不得其行。三代而后，则非谋略不足以制变。此乃历史社会之推移，不可不知也。

军势曰："出军行师，将在自专。进退内御，则功难成。"

本节承上文，言术略之用，在知人善任，权责相宜。故古之人主拜将，咸曰："阃以外将军制之"，亦所谓"将在外，君命有所不受也"。盖无论谋略军旅，皆在乘其机势，瞬息万变，若遥制之，不悉实情，未有不败者也。

军势曰:"使智、使勇、使贪、使愚。智者乐立其功,勇者好行其志,贪者邀趋其利,愚者不顾其死。因其情而用之,此军之微权也。"

本节论知人善用,盖人乏全才,勿以寸朽而弃连抱。故无论智、勇、贪、愚,皆有所用。智者使乐其志,成其事。勇者使快其志,竟其功。贪者饵之以利而用其才。愚者动以情而用其力。此人性之心理分析,领导用人之微妙关键也。

军势曰:"无使辩士谈说敌美,为其惑众,无使仁者主财,为其多施而附于下。"

本节续论知人用人。凡团体之中,应杜绝谣言,毋使惑众也。仁义之人不可使掌财,以其仗义则轻财,至公私不分也。

军势曰:"禁巫祝,不得为吏士卜,问军之吉凶。"

怪、力、乱、神,乱世之征候也。故军营机构,应严禁巫卜,此谣言之根本也。

军势曰:"使义士不以财,故义者不为不仁者死,智者不为暗主谋。主不可以无德,无德则臣叛。不可以无威,无威则失权。臣不可以无德,无德则无以事君。不可以无威,无威则国弱,威多则身蹶。"

本节总论君臣自处之道。凡为上之领导阶层,须透彻人情,其用人也，或义或利，或恩或礼，在因人而异，不可拘执。统领之道，咸取决于本身之条件，德威相辅而用也。故主暴则臣虐，主愚则臣昏，此物以类聚，理固必然。故上下之道，均以修德为先，以术辅之。此《大学》所言："故天子以至庶人，壹是皆以修身为本。"上无德，则御下不服，无威则令不申。下无德则不足以虑事，无威则不足以竟功。然臣道之自处，应如满溢峭崩之理，功高威多，必震主遭忌，故前言功成身退，天之道。

> 故圣主御世，观盛衰，度得失，而为之制。故诸侯二师，方伯三师，天子六师。世乱，则叛逆生；王泽竭，则盟誓相诛伐。德同势敌，无以相倾，乃揽英雄之心，与众同好恶，然后加之以权变。故非计策，无以决嫌定疑。非谲奇，无以破奸息寇。非阴计，无以成功。

本节言圣贤之君治国，必观历史之趋变，鉴历史之得失，而后制国家之典章制度。太平之世，天子六军，备势而已。乱世则以势相侵凌，人心诡诈，盟约不足以约束，礼仪不足以规范。无已，必也用之权谋，延揽人才；非计策不足以知嫌疑，非诡奇不足以息奸智，非阴谋不足以竟事功也。

> 圣人体天，贤人法地，智者师古；是故三略为衰世作。上略，设礼赏，别奸雄，著成败。中略，差德行，审权变。下略，陈道德，察安危，明贼贤人咎。

本节言三略之用，顺时势而已。圣者用事，顺天道自然之理，行不言之教，治而无功，成而无名，自合于道。贤者应世，推物理，顺人情，以成其德。智者则以史为鉴，观盛衰之源，察得失之兆，以杜渐防微。故本书三略，上略乃应太平世而作，中下二略乃因衰世而作也。故上略之势，以经治国。中略之势，识人才，明权变。下略之势，设道德之防，察安危之兆，明忠奸之辨，行权霸之术也。

> 故人主深晓上略，则能任贤擒敌。深晓中略，则能御将统众。深晓下略，则能明盛衰之原，审治国之纪。

本节承上文，言领导阶层，必须熟知三略。人君深晓上略，则能任贤制势，无为而治天下。深晓中略，则能将将统兵，出号施令以争天下。深晓下略，则知观古以鉴今，明盛衰之源，审得失之弊，此乱世立国之要也。

> 人臣深晓中略，则能全功保身。夫高鸟死，良弓藏。敌国灭，谋臣亡。亡者，非丧其身也，谓夺其威，废其权也。封之于朝，极人臣之位，以显其功。中州善国，以富其家。美色珍玩，以悦其心。夫人众一合而不可卒离，权威一与而不可卒移。还师罢军，存亡之阶，故弱之以位，夺之以国，是谓霸者之略。故霸者之作，其论驳也。存社稷罗英雄者，中略之势也，故势主秘焉。

本节总结全文。凡为属下者，亦不可不知三略。而中略为霸者之术，极其驳杂，其要在知人用人，通权达变，故为帝王之秘学，不肯轻泄。人臣深晓中略，外可收敌竟功，成事取位。其内用则知如何自处。盖众既合则不可卒散，权威既具则不可卒离，此基于势也。鸟死弓藏，狐绝狗烹；犹人主刻忌，为上寡恩，此亦基于势也。昔伍员、文种，深知霸略而不知自处，岂不惜哉。

下　卷

夫能扶天下之危者，则据天下之安。能除天下之忧者，则享天下之乐。能救天下之祸者，则获天下之福。故泽及于民，则贤人归之。泽及昆虫，则圣人归之。贤人所归，则其国强。圣人所归，则六合用。

本文乃衰世之霸术。察天下之安危，收人心，陈道德，用智谋也。然谋略之用，必以道德为依归，故本文曰："能解天下之危困者，乃能安定天下。能除百姓之忧虑者，乃能肥天下之爱戴。能救天下之大祸者，而后能得天下之福报。"昔洪水为患，而禹疏之。纣王聚敛，武王散之。秦法森严，高祖宽之。以上皆例此也。然成事竟功，在人才之得失，而人才之延揽，常决定于本身之道德。故植德来贤，则国强民富。德充于内，泽被群生。则圣人用世，天下太平。

求贤以德，致圣以道。贤去则国危，圣去则国乖。微者，危之阶。乖者，亡之征。贤人之政，降人以体。圣人之政，降人以心。体降可以图始，心降可以保终。降体以礼，降心以乐。所谓乐者，谓人乐其族，谓人乐其业，谓人乐其都邑，谓人乐其政令，谓人乐其道德。如此，君人者乃作乐以节之，使不失其和。故有德之君，以乐乐人。无德之君，以乐乐身。乐人者，久而长。乐身者，不久而亡。

本节承上文，阐国之安危，在人才之去就也。而求才之要，贤者在致之以德，圣者在合之以道。贤人去位，乃国危之垂象，圣人隐遁，乃亡乱之兆征。贤人治国，齐以礼法，圣人治国，乐其心志。以礼刑之，乃权宜之计，以乐应之，可以长久。所谓乐者，非金石丝竹之音，乃在社会公，贫富均，政令明，法令平。故各安其位，人乐其家，众乐其国，此人民于国之向心力也。如是则国泰民安，为防荡逾，乃制乐律以调和之，此诗教之精神也。故音乐之作，乃在移风易俗，与众同乐也。如《霓裳羽衣》《玉树后庭》，不久必亡，独乐何如众乐也。

> 释近谋远者，劳而无功。释远谋近者，佚而有终。佚政多忠臣，劳政多怨民。故曰："务广地者荒，务广德者强，能有其有者安，贪人之有者残。残灭之政，累世受患。造作过制，强成必败。"

本节言为政之原则，须从高处着眼，而从近处着手。若专从远处着手，则不切实际，劳而无功，劳则民怨，民怨则众离，乱兆萌矣。故为政以德，在平民心，顺民情。国防之道，在德不在险，国之贫富，在民不在君，故察人民之需要，固全民之经济，此长治久安之策也。昔宋王荆公变法，其法非为不善。徒以不察民情，矫枉过正，急功躁进，刑律非情，规章繁杂，此所谓强成，而终归于失败也。

> 舍己而教人者逆，正己而化人者顺。逆者，乱之招，顺者，治之要。

本节再申为政以德之理，言领导者必以身正人，所谓"子率以正，孰敢不正"？此亦治乱之根本也。

道、德、仁、义、礼，五者一体也。道者，人之所蹈。德者，人之所得。仁者，人之所亲。义者，人之所宜。礼者，人之所体；不可无一焉。故夙兴夜寐，礼之制也。讨贼报仇，义之决也。恻隐之心，仁之发也。得已得人，德之路也。使人均平，不失其所，道之化也。

　　本节言道、德、仁、义、礼五者，原始于道之一体。盖社会日繁，精神物质二者失调，人心背道乖常，故以礼义约束之。而礼义之用，在日常起心动念处，不必高推也。治国之道亦如是，均平而已，使人民各安其位，各乐其志，则民心回归淳厚，此谓以道化之。

　　出君下臣，名曰命。施行竹帛，名曰令。奉而行之，名曰政。夫命失，则令不行。令不行，则政不立。政不立，则道不通。道不通，则邪臣胜。邪臣胜，则主威伤。千里迎贤，其路远。致不肖，其路近。是以明君舍近而取远，故能全力尚人，而下尽力。

　　本节言国之政令，出君之口谕谓之命，立之为法谓之令，下奉而行之，普及百姓，此谓之政。上不正则命失，命失则主无威，令不行。令不行则政事乱，政乱则奸邪用事。奸邪在位，则忠贤远矣。是故贤明之主，知君子不苟，贤才难求，佞幸易进之理，故皆以求才为务。任之得人，则众心服而下尽力，政乃升平。

　　废一善，则众善衰。赏一恶，则众恶归。善者得其佑，恶者受其诛，则国安而众善至。

　　本节承上文，论立法赏罚之理。国之立法设制，牵涉全民权益，故不可不慎。朝令夕改，法规模棱，失信于民，致乱之由也。赏罚不公，则善恶不分，恶进善退，此亦导乱之由也。故立法设制，宜高瞻远瞩，观古鉴今，察未来之势，毋以劳民。赏罚平明，则诛恶佑善，是以众善集而国安。

众疑无定国，众惑无治民。疑定惑还，国乃可安。

本节再引申上文，政无定制则众疑，赏罚由心则众惑，众疑则令不行，众惑则国不治，此理国之大经也。

一令逆，则百令失。一恶施，则百恶结。故善施于顺民，恶加于凶民，则令行而无怨。使怨治怨，是谓逆天，使仇治仇，其强不救。治民使平，致平以清，则民得其所而天下宁。

本节言老成谋国，不可躁进急功也。凡政令措施，一着之失，则众失相随，一苛既立，众虐随立。故治国之道，在以德化之，政在清，令在平，则民各安其位而天下自安矣。

犯上者尊，贪鄙者富，虽有圣主，不能致其治。犯上者诛，贪鄙者拘，则化行而众恶消。

本节复申平赏罚，用人才之要。犯上作乱之人居高位，贪鄙之辈用事，则主上虽圣，国不能治也。故诛奸去贪，此法治之根本。

清白之士，不可以爵禄得，节义之士不可以威刑胁。故明君求贤，必观其所以而致焉。致清白之士，修其礼。致节义之士，修其道。然后士可致而名可保。

本节言求贤之道，或以礼下之，或以义动之，因人而异，不可拘泥，要在知人而善任也。

夫圣人君子，明盛衰之源，通成败之端，审治乱之机，知去就之节。虽穷，不处亡国之位。虽贫，不食乱邦之粟。潜居抱道者，时至而动，则极人臣之位。德合于己，则建殊绝之功。故其道高，而名扬于后世。

本节言士君子立身处世之道，在修德广知，通时达变。穷而不改其节，贫而不易其志，所谓"君子忧道不忧贫"也（原始章内已详述）。

圣主之用兵，非乐之也，将以诛暴讨乱也。夫以义诛不义，若决江河而溉爝火，临不测而挤欲坠，其克必矣。所以优游恬淡而不进者，重伤人物也。夫兵者，不祥之器，天道恶之，不得已而用之，是天道也。夫人之在道。若鱼之在水，得水而生，失水而死，故君子常惧而不敢失道。

本节重点有二：一言兵战凶危，生死之地，存亡之道，不得已而用之。再者论兵法之要，在"势"而已，善用之者，若转圆石于千仞之上。昔武帝伐匈奴，空文景二朝之聚集，至天子不能钧驷，种西汉不振之因。故兵以义发，乘势而动，则易竟全功。而历来圣主，不轻言兵，恐伤国之元气，亦天道好生惜物之情也。故人君背道则国危，百姓背道则乖，君子离道则亡。

豪杰秉职，国威乃弱。杀生在豪杰，国势乃竭。豪杰低首，国乃可久。杀生在君，国乃可安。四民用虚，国乃无储。四民用足，国乃安乐。贤臣内，则邪臣外。邪臣内，则贤臣毙。内外失宜，祸乱传世。

本节总论治国之常经。昔韩非有言："儒以文乱法，侠以武犯禁。"故姜尚斩华士，武帝迁朱郭，此防之未然也。故国之大权，应各有司职。国之经济，重在民生。国之政治在任贤。以上三者，犯其一，祸不远矣。

大臣疑生，众奸集聚。臣当君尊，上下乃昏。君当臣处，上下失序。

本节论国之体制，上下尊卑，不可失序，此礼之外用也。《礼记》有言："夫礼者，所以定亲疏，决嫌疑，别同异，明是非也。"昔桓灵之世，呼十常侍为父，不亡何待？故君臣之道，在以礼以诚，所以推腹心而杜疑也。

伤贤者，殃及三世。蔽贤者，身受其害。嫉贤者，其名不全。进贤者，福流子孙。故君子急于进贤，而美名彰焉。

本节回应全文，霸术谋略之用，在人才也。故伤贤者，殃及后代。贤贤而不能用，则身受其害。嫉贤者，名节有亏。昔鲍叔进管仲，而身下之，千载以下，论管子之功而慕鲍子之义。故提掖后进，荐贤进才，乃我士君子之传统美德，亦为仕途之第一要务也。昔子游为武城宰，孔子见之，不询他事，曰："女得人焉耳乎？"此《论语》之微言大义也。

利一害百,民去城郭。利一害万,国乃思散。去一利百,人乃慕泽。去一利万,政乃不乱。

本节总结全文,言治国之道,在公与平。凡政令措施,不能普及全民利益,则民心散矣;民心既散,政令不通,国必衰疲。再者,世事本无十全,故利害权宜之处,所审尤慎,即目今民主原理之真谛,亦以多数民意为依归,此古今政治不二之理也。

本文既竣,纵观史策,持德者寡;展望当前,持术者多。西风摇落,剑气频摧。乃随赋一律,附之于后,不敢言诗,用舒怀想,以竟全文。

英雄割据竞戎韬,策士筹纡惜羽毛。
已负初衷感孤愤,莫将余习赋离骚。
海天浪涌西风急,北地云寒雁阵高。
梦里湖山情未已,碧涛深处走金鳌。

阴符经

〔汉〕张良等注

上 篇

观天之道，执天之行，尽矣。故天有五贼，见之者昌。

太公曰：其一贼命，其次贼物，其次贼时，其次贼功，其次贼神。贼命以一消天下，用之以味。贼物以一急天下，用之以利。贼时以一信天下，用之以反。贼功以一恩天下，用之以怨。贼神以一验天下。用之以小大。

鬼谷子曰：天之五贼，莫若贼神。此大而彼小，以小而取大。天地莫之能神，而况于人乎！

筌曰：黄帝得贼命之机，白日飞升。殷周得贼神之验，以小灭大。管仲得贼时之信，九合诸侯。范蠡得贼物之急，而霸南越。张良得贼功之恩，而败强楚。

五贼在心，施行于天。宇宙在乎手，万化生乎身。

太公曰：圣人谓之五贼，天下谓之五德。人食五味而生，食五味而死，无有怨而弃之者也。心之所味也亦然。

鬼谷子曰：贼命可以长生不死，黄帝以少女精炁感之，时物亦然。且经冬之草覆之而不死，露之即见伤，草木植性尚犹如此，况人万物之灵，其机则少女以时。

广成子曰：以为积火焚五毒，五毒即五味，五味尽可以长生也。

筌曰：人因五味而生，五味而死。五味各有所主，顺之则相生，逆之则相胜，久之则积气薰蒸，人腐五脏，殆至灭亡。后人所以不能终其天年者，以其生生之厚矣，是以至道淡然。胎息无神，仙味之术百数，其要在抱一守中。少女之术百数，其要在还精采炁。金丹之术百数，其要在神水华池。治国之术百数，其要在清净自化。用兵之术百数，其要在奇正权谋。此五事者。卷之藏于心，隐于神，施之弥于天，给于地，宇宙瞬息可在人之手，万物荣枯可生人之身。黄帝得之，先固三宫，后治万国，鼎成而驭龙上升于天也。

天性，人也。人心，机也。立天之道，以定人也。

亮曰：以为立天定人，其在于五贼。

天发杀机，移星易宿。地发杀机，龙蛇起陆。人发杀机，天地反覆。

范曰：昔伊尹佐殷，发天杀之机，克夏之命尽而事应之，故有东征西夷怨，南征北狄怨。

太公曰：不耕，三年大旱，不凿，十年地坏。杀人过万，大风暴起。

亮曰：按，楚杀汉兵数万，大风杳冥，昼晦，有若天地反覆。

天人合发，万变定基。

良曰：从此一信而万信生，故为万变定基矣。

筌曰：大荒大乱，兵水旱蝗，是天杀机也。虞舜陶甄，夏禹拯骸，殷系夏台，周囚羑里，汉祖亭长，魏武乞丐，俱非王者之位，乘天杀之机也，起陆而帝。君子在野，小人在位，权臣擅威，百姓思乱，人杀机也。成汤放桀，周武伐纣，项籍斩嬴婴，魏废刘协，是乘人杀之机也。覆贵为贱，反贱为贵，有若天地反覆。天人之机各发，成败之理宜然，万变千化，圣人因之而定基业也。

性有巧拙，可以伏藏。

良曰：圣人见其巧拙，彼此不利者，其计在心。彼此利者，圣哲英雄道焉，况用兵之务战。

筌曰：中欲不出谓之启，外邪不入谓之闭，内启是其机也。雄知如阴，不动如山。巧拙不性，使人无间而得窥也。

九窍之邪，在乎三要，可以动静。

太公曰：三要者耳、目、口也。耳可凿而塞，目可穿而眩，口可利而讷，兴师动众，万夫莫议。其奇在三者，或可动或可静之。

筌曰：两叶掩目，不见泰山。双豆塞耳，不闻雷霆。一椒掠舌，不能立言。九窍皆邪，不足以察机变，其在三者：神、心、志也。机动未朕，神以随之；机兆将成，心以图之；机发事行，志以断之。其机动也，与阳同其波；五岳不能镇其隅，四渎不能界其维。其机静也，与阴同其德；智士不能运其荣，深闻不能窥其谋，天地不能夺其时，而况于人乎？

火生于木，祸发必克。奸生于国，时动必溃。知之修之，谓之圣人。

筌曰：火生于木，火发而木焚。奸生于国，奸成而国灭。木中藏火，火始于无形。国中藏奸，奸始于无象，非至圣不能修身炼行，使奸火之不发。夫国有无军之兵，无灾之祸矣，是以箕子逃而缚袭牧，商容囚而蹇叔哭。

中　篇

天生天杀，道之理也。

良曰：机出乎心，如天之生，如天之杀，则生者自谓得其生，死者自谓得其死。

天地，万物之盗；万物，人之盗；人，万物之盗。三盗既宜，三才既安。

鬼谷子曰：三盗者，彼此不觉知，但谓之神明。此三者况车马金帛，弃之可以倾河填海，移山覆地，非命而动，然后应之。

筌曰：天地与万物生成，盗万物以衰老。万物与人之服御，盗人以骄奢。人与万物之上器，盗万物以毁败。皆自然而往。三盗各得其宜，三才递安其任。

故曰：食其时，百骸理。动其机，万化安。

鬼谷子曰：不欲令后代人君，广敛珍宝，委积金帛，若能弃之，虽倾河填海未足难也。食者所以治百骸，失其时而生百骸；动者所以安万物，失其机而伤万物。故曰：时之至，间不容瞬息，先之则太过，后之则不及。是以贤者守时，不肖者守命也。

人知其神之神，不知不神之所以神也。

筌曰：人皆有圣，人不贵圣，人之愚。既睹其圣，又察其愚，复睹其圣。故《书》曰：专用聪明，则事不成。专用晦昧，则事皆悖。一明一晦，众之所载。伊尹酒保，太公屠牛，管仲作革，百里奚卖粥，当衰乱之时，人皆谓之不神，及乎逢成汤、遭文王、遇齐桓、值秦穆，道济生灵，功格宇宙，人皆谓之至神。

日月有数，大小有定，圣功生焉，神明出焉。

鬼谷子曰：后代伏思之则明，天地不足贵，而况于人乎？

筌曰：一岁三百六十五日，日之有数；有次十二，以积闰大小余分有定；皆禀精气。自有不为圣功神明而生；圣功神明亦禀精气，自有不为日月而生。是故，成不贵乎天地，败不怨乎阴阳。

其盗机也，天下莫能见，莫能知，君子得之因躬，小人得之轻命。

诸葛亮曰：夫子、太公岂不贤于孙、吴、韩、白，所以君子小人异之，四子之勇至于杀身，固不得其主而见杀矣。

筌曰：季主凌夷，天下莫见凌夷之机，而莫能知凌夷之源。霸王开国之机，而莫能知开国之机，而莫能知开国之源。君子得其机，应天顺人，乃固其躬。小人得其机，烦兵黩武，乃轻其命。《易》曰：君子见机而作，不俟终日。又曰：知机其神乎！机者易见而难知，见近知远。

下 篇

  瞽者善听，聋者善视。绝利一源，用师十倍；三反昼夜，用师万倍。

  尹曰：思之精所以尽其微。

  良曰：后代伏思之，耳目之利，绝其一源。

  筌曰：人之耳目，皆分于心，而竟于神。心分则机不精，神竟则机不微。是以师旷薰目而聪耳，离朱漆耳而明目。任一源之利而反用师于心，举事发机，十全成也。退思三反，经昼历夜，思而后行，举事发机，万全成也。

  太公曰：目动而心应之。见可则行，见否则止。

  心生于物，死于物，机在于目。

  筌曰：为天下机者，莫近乎心目。心能发目，目能见机。秦始皇东游会稽，项羽目见其机，心生于物，谓项良曰："彼可取而代之。"晋师毕至于淮淝。苻坚目见其机，心死于物，谓苻融曰："彼勍敌也，胡为少耶？"则知生死之心在乎物，成败之机见于目焉。

  天之无恩而大恩生，迅雷烈风，莫不蠢然。

  良曰：熙熙哉。

  太公曰：诚惧致福。

  筌曰：天心无恩万物，有心归恩于天。老子曰："天地不仁，以万物为刍狗，圣人不仁，以百姓为刍狗。"是以施而不求其报，生而不有其功。及至迅雷烈风，威远而惧迩，万物蠢然而怀惧，天无威而惧万物，万物有惧而归威于天。圣人行赏也，无恩于有功。行伐也，无威于有罪。故赏罚自立于上，威恩自行于下也。

至乐性余，至静性廉。

良曰：夫机在于是也。

筌曰：乐则奢余，静则贞廉。性余则神浊，性廉则神清。神者，智之泉，神清则智明。智者，心之府，智公则心平。人莫鉴于流水而鉴于澄水，以其清且平。神清意平，乃能形物之情。夫圣人者，不淫于至乐，不安于至静，能栖神静乐之间，谓之守中。如此施利不能诱，声色不能荡，辩士不能说，智者不能动，勇者不能惧，见祸于重开之外，虑患于杳冥之内，天且不违，而况于兵之诡道者哉！

天之至私，用之至公。

尹曰：治极微。

良曰：其机善，虽不令天下而行之，天下所不能知，天下所不能违。

筌曰：天道曲成万物而不遗，椿菌鹏鷃，巨细修短，各得其所，至私也。云行雨施，雷电霜霓，生杀之均，至公也。圣人则天法地：养万民，察劳苦，至私也；行正令，施法象，至公也。

孙武曰：视卒如爱子，可以俱死，视卒如婴儿，可与之赴深溪。爱而不能令，譬若骄子。是故令之以文，齐之以武。

禽之制在炁。

太公曰：岂以小大而相制哉？

尹曰：气者，天之机。

筌曰：无龟食蟒，鹯隼击鹄，黄腰啖虎，飞鼠断猿，蜍蛭唶鱼，狼犴啮鹤，余甘柔金，河车服之，无穷化玉，雄黄变铁。有不灰之木，浮水之石，夫禽兽木石，得其气尚能以小制大，况英雄得其炁而不能净寰海而御宇宙也。

生者，死之根；死者，生之根。恩生于害，害生于恩。

太公曰：损己者物爱之，厚己者物薄之。

筌曰：谋生者必先死而后生，习死者必先生而后死。

鹖冠子曰：不死不生，不断不成。

孙武曰：投之死地而后生，致之亡地而后存。

吴起曰：兵战之场，立尸之地，必死则生，幸生则死。恩者害之源，害者恩之源。吴树恩于越而害生，周立害于殷而恩生，死之与生，恩之与害，相反纠缠也。

愚人以天地文理圣，我以时物文理哲。

太公曰：观鸟兽之时，察万物之变。

筌曰：景星见，黄龙下，翔凤至，醴泉出，嘉谷生，河不满溢，海不扬波。日月薄蚀，五星失行，四时相错，昼冥宵光，山崩川涸，冬雷夏霜，愚人以此天地文理为理乱之机。文思安安，光被四表，克明俊德，以亲九族，六府三事，无相夺伦，百谷用成，兆民用康。昏主邪臣，法令不一，重赋苛政，上下相蒙，懿戚贵臣，骄奢淫纵，酣酒嗜音，峻宇雕墙，百姓流亡，思乱怨上，我以此时物文理为理乱之机也。

人以愚虞圣，我以不愚虞圣，人以奇期圣，我以不奇期圣。

筌曰：圣哲之心，深妙难测。由巢之迹，人或窥之。至于应变无方，自机转而不穷之智，人岂虞之？以迹度心，乃为愚者也。

故曰：沉水入火，自取灭亡。

良曰：理人自死，理军亡兵，无死则无不死，无生则无不生，故知乎死生，国家安宁。

自然之道静，故天地万物生。

尹曰：静之至，不知所以生。

天地之道浸，故阴阳胜。

良曰：天地之道，浸微而推胜之。

阴阳相推而变化顺矣。

良曰：阴阳相推激，至于变化在于目。

是故，圣人知自然之道不可违，因而制之。

良曰：大人见之为自然，英哲见之为制，愚者见之为化。

尹曰：知自然之道，万物不能违，故利而行之。

> 至静之道，律历所不能契。

良曰：观鸟兽之时，察万物之变，鸟兽至静，律历所不能契，从而机之。

> 爰有奇器，是生万象。八卦甲子，神机鬼藏。

良曰：六癸为天藏，可以伏藏也。

> 阴阳相胜之术，昭昭乎，进乎象矣。

亮曰：奇器者，圣智也。天垂象，圣人则之。推甲子，画八卦，考蓍龟，稽律历。则鬼神之情，阴阳之理昭著乎象，无不尽矣。

亮曰：八卦之象，申而用之。六十甲子，转而用之。神出鬼入，万明一矣。

良曰：万生万象者心也。合藏阴阳之术，日月之数，昭昭乎在人心矣。

广成子曰：甲子合阳九之数也，卦象出师众之法，出师以律，动合鬼神，顺天应时，而用鬼神之道也。

附录一

张良传

留侯张良者，其先韩人也。大父开地，相韩昭侯、宣惠王、襄哀王。父平，相釐王、悼惠王。悼惠王二十三年，平卒。卒二十岁，秦灭韩。良年少。未宦事韩。韩破，良家僮三百人，弟死不葬，悉以家财求客刺秦王，为韩报仇，以大父、父五世相韩故。

良尝学礼淮阳，东见仓海君。得力士，为铁椎重百二十斤。秦皇帝东游，良与客狙击秦皇帝博浪沙中，误中副车。秦皇帝大怒，大索天下，求贼甚急，为张良故也。良乃更名姓，亡匿下邳。

良尝闲从容步游下邳圯上，有一老父，衣褐，至良所，直堕其履圯下，顾谓良曰："孺子，下取履！"良愕然，欲殴之。为其老，强忍，下取履。父曰："履我！"良业为取履，因长跪履之。父以足受，笑而去。良殊大惊，随目之。父去里所，复还，曰："孺子可教矣。后五日平明，与我会此。"良因怪之，跪曰："诺。"五日平明，良往。父已先在，怒曰："与老人期，后，何也？"去，曰："后五日早会。"五日鸡鸣，良往。父又先在，复怒曰："后，何也？"去，曰："后五日复早来。"五日，良夜未半往。有顷，父亦来，喜曰："当如是。"出一编书，曰："读此则为王者师矣。后十年兴。十三年，孺子见我，济北谷城山下黄石即我矣。"遂去，无他言，不复见。旦日视其书，乃《太公兵法》也。良因异之，常习诵读之。

居下邳，为任侠。项伯尝杀人，从良匿。

后十年，陈涉等起兵，良亦聚少年百余人。景驹自立为楚假王，在留。良欲往从之，道遇沛公。沛公将数千人，略地下邳西，遂属焉。沛公拜良为厩将。良数以《太公兵法》说沛公，沛公善之，常用其策。良为他人言，皆不省。良曰："沛公殆天授。"故遂从之，不去见景驹。

及沛公之薛，见项梁。项梁立楚怀王。良乃说项梁曰："君已立楚后，而韩诸公子横阳君成贤，可立为王，益树党。"项梁使良求韩成，立以为韩王。以良为韩申徒，与韩王将千余人西略韩地，得数城，秦辄复取之，往来游兵颍川。

沛公之从洛阳南出𬮱辕，良引兵从沛公，下韩十余城，击破杨熊军。沛公乃令韩王成留守阳翟，与良俱南，攻下宛，西入武关。沛公欲以兵二万人击秦峣下军，良说曰："秦兵尚强，未可轻。臣闻其将屠者子，贾竖易动以利。愿沛公且留壁，使人先行，为五万人具食，益为张旗帜诸山上，为疑兵，令郦食其持重宝啗秦将。"秦将果叛，欲连和俱西袭咸阳，沛公欲听之。良曰："此独其将欲叛耳，恐士卒不从。不从必危，不如因其解击之。"沛公乃引兵击秦军，大破之。（逐）北至蓝田，再战，秦兵竟败。遂至咸阳，秦王子婴降沛公。

沛公入秦宫，宫室帷帐狗马重宝妇女以千数，意欲留居之。樊哙谏沛公出舍，沛公不听。良曰："夫秦为无道，故沛公得至此。夫为天下除残贼，宜缟素为资。今始入秦，即安其乐，此所谓'助桀为虐'且'忠言逆耳利于行，毒药苦口利于病'，愿沛公听樊哙言。"沛公乃还军霸上。

项羽至鸿门下，欲击沛公，项伯乃夜驰入沛公军，私见张良，欲与俱去。良曰："臣为韩王送沛公，今事有急，亡去不义。"乃具以语沛公。沛公大惊，曰："为将奈何？"良曰："沛公诚欲倍项羽邪？"沛公曰："鲰生教我距关无内诸侯，秦地可尽王，故听之。"良曰:"沛公自度能却项羽乎?"沛公默然,良久曰:"固不能也。今为奈何?"良乃固要项伯。项伯见沛公,沛公与饮为寿,结宾婚。令项伯具言沛公不敢倍项羽,所以距关者,备他盗也。及见项羽后解,语在项羽事中。

汉元年正月,沛公为汉王,王巴蜀。汉王赐良金百镒,珠二斗,良具以献项伯。汉王亦因充良厚遗项伯,使请汉中地。项王乃许之,遂得汉中地。汉王之国,良送至褒中,遣良归韩。良因说汉王曰:"王何不烧绝所过栈道,示天下无还心,以固项王意。"乃使良还。行,烧绝栈道。

良至韩,韩王成以良从汉王故,项王不遣成之国,从与俱东。良说项王曰:"汉王烧绝栈道,无还心矣。"乃以齐王田荣反,书告项王。项王以此无西忧汉心,而发兵北击齐。

项王竟不肯遣韩王,仍以为侯,又杀之彭城。良亡,间行归汉王,汉王亦已还定三秦矣。复以良为成信侯,从东击楚。至彭城,汉败而还。至下邑,汉王下马踞鞍而问曰:"吾欲捐关以东等弃之,谁可与共功者?"良进曰:"九江王黥布,楚枭将,与项王有郄;彭越与齐王田荣反梁地:此两人可急使。而汉王之将独韩信可属大事,当一面。即欲捐之,捐之此三人,则楚可破也。"汉王乃遣随何说九江王布,而使人连彭越。及魏王豹反,使韩信将兵击之,因举燕、代、齐、赵。然卒破楚者,此三人力也。

张良多病,未尝特将也。常为画策臣,时时从汉王。

汉三年,项羽急围汉王荥阳,汉王恐忧,与郦食其谋桡楚权。食其曰:"昔汤伐桀,封其后于杞。武王伐纣,封其后于宋。今秦失德弃义,侵伐诸侯社稷,灭六国之后,使无立锥之地。陛下诚能复立六国后世,毕已受印,此其君臣百姓必皆戴陛下之德,莫不乡风慕义,愿为臣妾。德义已行,陛下南乡称霸,楚必敛衽而朝。"汉王曰:"善。趣刻印,先生因行佩之矣。"

食其未行,张良从外来谒。汉王方食,曰:"子房前!客有为我计桡楚权者。"具以郦生语告,曰:"于子房何如!"良曰:"谁为陛下画此计者?陛下事去矣。"汉王曰:"何哉?"张良对曰:"臣请藉前箸为大王筹之。"曰:"昔者汤伐桀而封其后于杞者,度能制桀之死命也。今陛下能制项籍之死命乎?"曰:"未能也。""其不可一也。武王伐纣,封其后于宋者,度能得纣之头也。今陛下能得项籍之头乎?"曰:"未能也。""其不可二也。武王入殷,表商容之闾,释箕子之拘,封比干之墓。今陛下能封圣人之墓,表贤者之闾,式智者之门乎?"曰:"未能也。""其不可三也。发钜桥之粟,散鹿台之钱,以赐贫穷。今陛下能散府库以赐贫穷乎?"曰:"未能也。""其不可四矣。殷事已毕,偃革为轩,倒置干戈,覆以虎皮,以示天下不复用兵。今陛下能偃武行文,不复用兵乎?"曰:"未能也。""其不可五矣。休马华山之阳,示以无所为。今陛下能休马无所用乎?"曰:"未能也。""其不可六矣。放牛桃林之阴,以示不复输积。今陛下能放牛不复输积乎?"曰:"未能也。""其不可七矣。且天下游士离其亲戚,弃坟墓,去故旧,从陛下游者,徒欲日夜望咫尺之地。今复六国,立韩、魏、燕、赵、齐、楚之后,天下游士各归事其主,从其亲戚,反其故旧坟墓,陛下与谁取天下乎?其不可八矣。且夫楚唯无强,六国立者复桡而从之,陛下焉得而臣之?诚用客之谋,陛下事去矣。"汉王辍食吐哺,骂曰:"竖儒,几败而公事!"令趣销印。

汉四年,韩信破齐而欲自立为齐王,汉王怒。张良说汉王,汉王使良授齐王信印,语在淮阴事中。

其秋,汉王追楚至阳夏南,战不利而壁固陵,诸侯期不至。良说汉王,汉王用其计,诸侯皆至。语在项籍事中。

汉六年正月,封功臣。良未尝有战斗功,高帝曰:"运筹策帷帐中,决胜千里外,子房功也。自择齐三万户。"良曰:"始臣起下邳,与上会留,此天以臣授陛下。陛下用臣计,幸而时中,臣愿封留足矣，不敢当三万户。"乃封张良为留侯，与萧何等俱封。

上已封大功臣二十余人，其余日夜争功不决，未得行封。上在洛阳南宫，从复道望见诸将往往相与坐沙中语。上曰："此何语？"留侯曰："陛下不知乎？此谋反耳。"上曰："天下属安定，何故反乎？"留侯曰："陛下起布衣，以此属取天下，今陛下为天子，而所封皆萧、曹故人所亲爱，而所诛者皆生平所仇怨。今军吏计功，以天下不足遍封，此属畏陛下不能尽封，恐又见疑平生过失及诛，故即相聚谋反耳。"上乃忧曰："为之奈何？"留侯曰："上平生所憎，群臣所共知，谁最甚者？"上曰："雍齿与我故，数尝窘辱我。我欲杀之，为其功多，故不忍。"留侯曰："今急先封雍齿以示群臣，群臣见雍齿封，则人人自坚矣。"于是上乃置酒，封雍齿为什方侯，而急趣丞相、御史定功行封。群臣罢酒，皆喜曰："雍齿尚为侯，我属无患矣。"

刘敬说高帝曰："都关中。"上疑之。左右大臣皆山东人，多劝上都洛阳："洛阳东有成皋，西有殽黾，倍河，向伊洛，其固亦足恃。"留侯曰："洛阳虽有此固，其中小，不过数百里，田地薄，四面受敌，此非用武之国也。夫关中左殽函，右陇蜀，沃野千里，南有巴蜀之饶，北有胡苑之利，阻三面而守，独以一面东制诸侯。诸侯安定，河渭漕輓天下，西给京师，诸侯有变，顺流而下，足以委输。此所谓金城千里，天府之国也，刘敬说是也。"于是高帝即日驾，西都关中。

留侯从入关。留侯性多病，即道引不食谷，杜门不出岁余。

上欲废太子，立戚夫人子赵王如意。大臣多谏争，未能得坚决者也。吕后恐，不知所为。人或谓吕后曰："留侯善画计策，上信用之。"吕后乃使建成侯吕泽劫留侯曰："君常为上谋臣，今上欲易太子，君安得高枕而卧乎？"留侯曰："始上数在困急之中，幸用臣筴。今天下安定，以爱欲易太子，骨肉之间，虽臣等百余人何益。"吕泽强要曰："为我画计。"留侯曰："此难以口舌争也。顾上有不能致者，天下有四人。四人者年老矣，皆以为上慢侮人，故逃匿山中，义不为汉臣。然上高此四人。今公诚能无爱金玉璧帛，令太子为书，卑辞安车，因使辩士固请，宜来。来，以为客，时时从入朝，令上见之，则必异而问之。问之，上知此四人贤，则一助也。"于是吕后令吕泽使人奉太子书，卑辞厚礼，迎此四人。四人至，客建成侯所。

汉十一年，黥布反，上病，欲使太子将，往击之。四人相谓曰："凡来者，将以存太子。太子将兵，事危矣。"乃说建成侯曰："太子将兵，有功则位不益太子；无功还，则从此受祸矣。且太子所与俱诸将，皆尝与上定天下枭将也，今使太子将之，此无异使羊将狼也，皆不肯为尽力，其无功必矣。臣闻'母爱者子抱'，今戚夫人日夜侍御，赵王如意常抱居前，上曰'终不使不肖子居爱子之上'，明乎其代太子位必矣。君何不急请吕后承间为上泣：'黥布，天下猛将也，善用兵，今诸将陛下故等夷，乃令太子将此属，无异使羊将狼，莫肯为用，且使布闻之，则鼓行而西耳。上虽病，强载辎车，卧而护之，诸将不敢不尽力。上虽苦，为妻子自强。'"于是吕泽立夜见吕后，吕后承间为上泣涕而言，如四人意。上曰："吾惟竖子固不足遣，而公自行耳。"于是上自将兵而东，群臣居守，皆送至灞上。留侯病，自强起，至曲邮，见上曰："臣宜从，病甚。楚人剽疾，愿上无与楚人争锋。"因说上曰："令太子为将军，监关中兵。"上曰："子房虽病，强卧而傅太子。"是时叔孙通为太傅，留侯行少傅事。

汉十二年，上从击破布军归，疾益甚，愈欲易太子。留侯谏，不听，因疾不视事。叔孙太傅称说引古今，以死争太子。上佯许之，犹欲易之。及燕，置酒，太子侍。四人从太子，年皆八十有余，须眉皓白，衣冠甚伟。上怪之，问曰："彼何为者？"四人前对，各言名姓，曰东园公、甪里先生、绮里季、夏黄公。上乃大惊，曰："吾求公数岁，公辟逃我，今公何自从吾儿游乎？"四人皆曰："陛下轻士善骂，臣等义不受辱，故恐而亡匿。窃闻太子为人仁孝，恭敬爱士，天下莫不延颈欲为太子死者，故臣等来耳。"上曰："烦公幸卒调护太子。"

四人为寿已毕，起去。上目送之，召戚夫人指示四人者曰："我欲易之，彼四人辅之，羽翼已成，难动矣。吕后真而主矣。"戚夫人泣，上曰："为我楚舞，吾为若楚歌。"歌曰："鸿鹄高飞，一举千里。羽翮已就，横绝四海。横绝四海，当可奈何！虽有矰缴，尚安所施！"歌数阕，戚夫人嘘唏流涕，上起去，罢酒。竟不易太子者，留侯本招此四人之力也。

留侯从上击代，出奇计马邑下，及立萧何相国，所与上从容言天下事甚众，非天下所以存亡，故不著。留侯乃称曰："家世相韩，及韩灭，不爱万金之资，为韩报仇强秦，天下振动。今以三寸舌为帝者师，封万户，位列侯，此布衣之极，于良足矣。愿弃人间事，欲从赤松子游耳。"乃学辟谷，道引轻身。会高帝崩，吕后德留侯，乃强食之，曰："人生一世间，如白驹过隙，何至自苦如此乎！"留侯不得已，强听而食。

后八年卒，谥为文成侯。子不疑代侯。

子房始所见下邳圯上老父与太公书者，后十三年从高帝过济北，果见谷城山下黄石，取而葆祠之。留侯死，并葬黄石。每上冢伏腊，祠黄石。

留侯不疑，孝文帝五年坐不敬，国除。

太史公曰：学者多言无鬼神，然言有物。至如留侯所见老父予书，亦可怪矣。高祖离困者数矣，而留侯常有功力焉，岂可谓非天乎？上曰："夫运筹策帷帐之中，决胜千里外，吾不如子房。"余以为其人计魁梧奇伟，至见其图，状貌如妇人好女。盖孔子曰："以貌取人，失之子羽。"留侯亦云。

（《史记》卷五十五《留侯世家第二十五》）

附录二

《素书》原序

〔宋〕张商英 撰

黄石公《素书》六篇。按前汉列传，黄石公圯桥所授子房《素书》，世人多以《三略》为是，盖传之者误也。晋乱有盗发子房冢，于玉枕中获此书，凡一千三百三十六言。上有秘戒，不许传于不道、不神、不圣、不贤之人。若非其人，必受天殃。得人不传，亦受其殃。呜呼！其慎重如此。黄石公得子房而传之，子房不得其传而葬之。后五百年而盗获之，自是《素书》始传于人间。然其传者，特黄石公之言耳。而公之意，其可以言尽哉，愚窃尝评之，天人之道未尝不相为用，古之圣贤皆尽心焉。尧钦若昊天，舜齐七政，禹叙九畴，傅说陈天道，文王重八卦，周公设天地四时之官，又立三公以燮理阴阳。孔子欲无言，老聃建之以常无有。《阴符经》曰："宇宙在乎手，万物生乎身。"道至于此则鬼神变化，皆不逃吾之术，而况于刑名度数之间者欤。黄石公，秦之隐君子也。其书简，其意深，虽尧舜禹文傅说周公孔老，亦无以出此矣。然则黄石公知秦之将亡，汉之将兴，故以此书授子房。而子房者岂能尽知其书哉。凡子房之所以为子房者，仅能用其一二耳。书曰："阴计外泄者败。"子房用之尝劝高帝王韩信矣。书曰："小怨不赦，大怨必生。"子房用之以功高帝侯雍齿矣。书曰："决策于不仁者险。"子房尝劝高帝罢封六国矣。书曰："设变致权所以解结。"子房用之尝致四皓而立惠帝矣。

书曰:"吉莫吉于知足。"子房用之尝择留自封矣。书曰:"绝嗜禁欲所以除累。"子房用之尝弃人间事,从赤松子游矣。嗟乎!遗粕弃滓,犹足以亡秦、项而帝沛公,况纯而用之,深而造之者乎!自汉以来章句文词之学炽,而知道之士极少,如诸葛亮、王猛、房乔、裴度等辈,虽号一时贤相,至于先王大道,曾未足以知。仿佛此书所以不传于不道、不神、不圣、不贤之人也。离有离无之谓道,非有非无之谓神,有而无之之谓圣,无而有之之谓贤。非此四者,虽口诵此书,亦不能身行之矣。

附录三

太公《阴符经》述要

老古编辑部　曾令伟　撰

《战国策》载苏秦先游说诸侯不成，返里为妻嫂讥笑，于是发愤立志，誓伸所愿，连夜发陈箧数十，得太公《阴符》之谋。日夜揣摩不辍，读书欲睡，则引锥刺股，虽血流如注，不稍顾惜，谓得此《阴符》之谋，安有说人主，不能出其锦绣取卿相之位者乎！揣摩既成，乃大说诸侯以合纵之策，终悬六国相印，名显诸侯。《史记》载苏秦所得太公阴谋，乃《周书》阴谋也。《隋书·经籍志》有太公《阴符钤录》一卷，《周书·阴符》九卷，然皆散佚不见于世。《阴符经》之名大见于世，始于唐朝之李筌。《集仙传》称李筌于嵩山虎口岩石室得《阴符经》，上题有大魏真君二年七月七日，道士寇谦之藏之名山，用传同好等语。筌谓得此书时，已糜烂应手灰灭，虽略抄记成诵，然不晓义理。筌后入秦经骊山之下，逢一老母，发其微旨，乃竟得黄帝《阴符》之传，乃为之作疏云。

《阴符经》世传之本有二：其一题黄帝撰，有太公、范蠡、鬼谷子、张良、诸葛亮、李筌等六家注。然此本不知起自何代，晁公武《读书志》引黄庭坚跋语，以为后人妄托前贤之著，谓其非《周书·阴符》云。然其文义深有理致，久为世所宝重。其二为世所见者，乃李筌疏之《阴符经》也。疏中多引老庄、亢仓、三略之言，以道家为旨归，后世亦疑非筌之原本。然观其所疏脉络有致，自成一家之言，亦不可废也。宋以后儒者，多偏章句之学，重书之出处考据，反轻其内容之到底如何，宜乎数世国家之不振也。《阴符》也者，潜符密契之事也，故苏秦得之而揣摩。观其书，思其言，应乎人事，确有其理也。学者论而考据，何有于《阴符》哉！

南怀瑾先生著述目录

1. 禅海蠡测 （一九五五）
2. 楞严大义今释 （一九六〇）
3. 楞伽大义今释 （一九六五）
4. 禅与道概论 （一九六八）
5. 维摩精舍丛书 （一九七〇）
6. 静坐修道与长生不老 （一九七三）
7. 禅话 （一九七三）
8. 习禅录影 （一九七六）
9. 论语别裁（上） （一九七六）
10. 论语别裁（下） （一九七六）
11. 新旧的一代 （一九七七）
12. 定慧初修 （一九八三）
13. 金粟轩诗词楹联诗话合编 （一九八四）
14. 孟子旁通 （一九八四）
15. 历史的经验 （一九八五）
16. 道家密宗与东方神秘学 （一九八五）
17. 习禅散记 （一九八六）
18. 中国文化泛言（原名"序集"） （一九八六）
19. 一个学佛者的基本信念 （一九八六）
20. 禅观正脉研究 （一九八六）
21. 老子他说 （一九八七）
22. 易经杂说 （一九八七）
23. 中国佛教发展史略述 （一九八七）

24. 中国道教发展史略述　（一九八七）

25. 金粟轩纪年诗初集　（一九八七）

26. 如何修证佛法　（一九八九）

27. 易经系传别讲（上传）　（一九九一）

28. 易经系传别讲（下传）　（一九九一）

29. 圆觉经略说　（一九九二）

30. 金刚经说什么　（一九九二）

31. 药师经的济世观　（一九九五）

32. 原本大学微言（上）　（一九九八）

33. 原本大学微言（下）　（一九九八）

34. 现代学佛者修证对话（上）　（二〇〇三）

35. 现代学佛者修证对话（下）　（二〇〇四）

36. 花雨满天　维摩说法（上下册）　（二〇〇五）

37. 庄子諵譁（上下册）　（二〇〇六）

38. 南怀瑾与彼得・圣吉　（二〇〇六）

39. 南怀瑾讲演录二〇〇四—二〇〇六　（二〇〇七）

40. 与国际跨领域领导人谈话　（二〇〇七）

41. 人生的起点和终站　（二〇〇七）

42. 答问青壮年参禅者　（二〇〇七）

43. 小言黄帝内经与生命科学　（二〇〇八）

44. 禅与生命的认知初讲　（二〇〇八）

45. 漫谈中国文化　（二〇〇八）

46. 我说参同契（上册）　（二〇〇九）

47. 我说参同契（中册）　（二〇〇九）

48. 我说参同契（下册）　（二〇〇九）

49. 老子他说续集　（二〇〇九）

50. 列子臆说（上册）　（二〇一〇）

51. 列子臆说（中册）　（二〇一〇）

52. 列子臆说（下册）　（二〇一〇）

53. 孟子与公孙丑　（二〇一一）

54. 瑜伽师地论　声闻地讲录（上册）　（二〇一二）

55. 瑜伽师地论　声闻地讲录（下册）　（二〇一二）

56. 廿一世纪初的前言后语（上册）　（二〇一二）

57. 廿一世纪初的前言后语（下册）　（二〇一二）

58. 孟子与离娄　（二〇一二）

59. 孟子与万章　（二〇一二）

60. 宗镜录略讲（卷一至五）　（二〇一三至二〇一五）

61. 南怀瑾禅学讲座（上）　（二〇一七）

图书在版编目(CIP)数据

历史的经验/南怀瑾著述. —上海：复旦大学出版社，2017.8(2019.4重印)
ISBN 978-7-309-13127-7

Ⅰ.历… Ⅱ.南… Ⅲ.谋略-中国-古代 Ⅳ.C934

中国版本图书馆 CIP 数据核字(2017)第 180446 号

历史的经验
南怀瑾　著述
责任编辑/邵　丹
复旦大学出版社有限公司出版发行
上海市国权路 579 号　邮编：200433
网址：fupnet@fudanpress.com　http：//www.fudanpress.com
门市零售：86-21-65642857　团体订购：86-21-65118853
外埠邮购：86-21-65109143　出版部电话：86-21-65642845
上海盛通时代印刷有限公司

开本 787×960　1/16　印张 17　字数 205 千
2019 年 4 月第 1 版第 2 次印刷
印数 4 101—8 200

ISBN 978-7-309-13127-7/C·348
定价：42.00 元

如有印装质量问题,请向复旦大学出版社有限公司出版部调换。
版权所有　侵权必究